Daniel Sanders

Lehrbuch der deutschen Sprache für Schulen

Daniel Sanders

Lehrbuch der deutschen Sprache für Schulen

ISBN/EAN: 9783744695565

Hergestellt in Europa, USA, Kanada, Australien, Japan

Cover: Foto ©Paul-Georg Meister /pixelio.de

Weitere Bücher finden Sie auf **www.hansebooks.com**

Lehrbuch

der

deutschen Sprache

für Schulen

(Mit Beispielen und Übungsaufgaben)

Von

Professor Dr. Daniel Sanders

In drei Stufen:

Erste Stufe: **Die Redeteile.** — Zweite Stufe: **Flexion der Redeteile.** —
Dritte Stufe: I. **Rektion.** II. **Sätze und Satzverbindungen.**

= Erste Stufe: **Die Redeteile.** =

Neunte Auflage

Preis kartonniert 40 Pfennig

Berlin, 1889
SW. 11, Möckern-Straße 133.
Langenscheidtsche Verlags-Buchhandlung
(Professor G. Langenscheidt).

Vorwort zur fünften Auflage.

Da eine neue Auflage dieses Buches notwendig geworden, hat mir die Verlagshandlung den Vorschlag gemacht, außer einer unveränderten Ausgabe für Lehrer, Fortbildungsschulen ꝛc. auch eine in der amtlichen Schul=Orthographie zu veranstalten.

Da ich natürlich meinem Buche nicht selbst den Weg in die Schulen verlegen will, habe ich in diesen Vorschlag gewilligt, zugleich aber auch die Gelegenheit zu einer vielseitig gewünschten eingreifenderen Umgestaltung des Buches benutzt.

Welche Gedanken mich dabei geleitet, wird man am besten aus einem Briefe erkennen, den mir schon vor längerer Zeit ein Lehrer über meine Arbeit geschrieben:

„Ich kenne" — heißt es darin — „kein Buch, das bei solch geringem Umfange eine solche Fülle des feinsinnigst ausgewählten und belehrenden Stoffes enthält, so viele Anregungen bietet und so viele neue Gesichtspunkte eröffnet. Ich habe nicht nur selbst aus Ihrem Buche Vieles gelernt, sondern es auch mit günstigstem Erfolge beim Unterricht benutzt und bin überzeugt, daß es vielen Amtsgenossen gleiche Dienste geleistet hat und leisten wird; aber doch sollten Sie zum Frommen der Schule Ihr Werk ergänzen und zu Ihrem Lehrbuch, das für Erwachsene wenig oder nichts zu wünschen übrig lassen dürfte, ein — wenn ich den Ausdruck gebrauchen darf — entsprechendes Lernbuch fügen, das unmittelbar den Kindern zur Benutzung in die Hand gegeben werden könnte. Hier müßte bei der Anordnung nicht, was ich für das Lehrbuch als durchaus angemessen anerkenne, die Zusammenfassung des sachlich Zusammengehörigen maßgebend sein, sondern vielmehr die Rücksicht auf das kindliche Fassungsvermögen, also eine Zerlegung des Stoffes mit einem vom Einfachsten und Leichtesten allmählich zum Zusammengesetzten und Schwierigen fortschreitenden Stufengang" u. s. w.

Ähnliche Wünsche sind mir in der Presse und in Briefen vielfach ausgesprochen worden, und ihnen durch die vorliegende Ausgabe nach Kräften möglichst gerecht zu werden, war mein Streben, bei welchem hoffentlich eine frühere langjährige Lehrer=Erfahrung mir zu gute gekommen ist.

Möge das Buch in seiner neuen Gestalt sich zu den alten Freunden viele neue erwerben und in Schulen bewähren!

Altstrelitz.

Daniel Sanders.

NB. Die vorliegende neunte Auflage ist ein unveränderter Abdruck der vorangegangenen.

Die Verlagsbuchhandlung.

Inhaltsverzeichnis.

Erste Stufe.

= Die Redeteile. =

~~~~

§ 1. Substantiva.

Übungsstück: Männer, Frauen. — Väter, Mütter. — Söhne, Töchter. — Brüder, Schwestern. — Onkel, Tanten. — Herren, Damen. — Knechte, Mägde. — Diener, Dienerinnen. — Fürsten, Fürstinnen. — Prinzen, Prinzessinnen. — Bauern, Bäuerinnen. — Gärtner, Gärtnerinnen. — Köche, Köchinnen. — Schneider, Schneiderinnen. — Lehrer, Lehrerinnen. — Schüler, Schülerinnen.

1) Die vorstehenden Wörter sind Benennungen von Personen.

2) Wörter, durch die etwas benannt wird, heißen Nennwörter, auch Hauptwörter oder Substantiva.

3) Die Nennwörter oder Substantiva werden als solche mit einem großen Anfangsbuchstaben geschrieben.

Aufgabe: Schreibt die vorstehenden Nennwörter richtig ab!

§ 2. Singular, Plural; Artikel.

1) Wenn ihr das Wort hört: Männer, so denkt ihr dabei an mehrere Personen, von denen jeder die Bezeichnung: ein Mann zukommt. Man nennt deßhalb in der Sprachlehre oder Grammatik die Form Männer die Mehrzahl oder den Plural (numerus pluralis, abgekürzt: pl.), dagegen die Form ein Mann die Einzahl oder den Singular (numerus singularis, abgekürzt: sg.).

So ist auch Frauen die Mehrzahl (der Plural, pl.) und eine Frau die Einzahl (der Singular, sg.).

2) Das dabei vor den Singular des Substantivs zu setzende Wörtchen ein, eine nennt man Artikel, auch Deute-, Vereinzelungs- oder Geschlechtswort (s. § 7,3) und zwar den Einheitsartikel.

Aufgabe: Setzt — erst mündlich, dann schriftlich — die Plurale des Übungsstücks in § 1 in die entsprechenden Singulare um, mit beigefügtem Einheitsartikel, und beachtet dabei aufmerksam, bei welchen Substantiven diesem die Form ein zukommt und bei welchen die Form eine (siehe § 3,1), also: Ein Mann, eine Frau u. s. w.

§ 3. Maskulina, Feminina; bestimmter, unbestimmter Artikel.

1) Die Wörter: Mann, Vater, Sohn, Bruder, Onkel, Herr u. s. w. sind Benennungen männlicher Personen; die Wörter: Frau, Mutter, Tochter, Schwester, Tante, Dame u. s. w. sind Benennungen weiblicher

Personen. Jene bezeichnet man in der Grammatik als männliche Nennwörter (substantiva masculina), diese als weibliche Nennwörter (substantiva feminina); vor den erstern steht als Form des Einheitsartikels ein, vor den letztern eine (s. die Aufg. in § 2).

Übungsstück: Es war einmal ein Mann. Der Mann hatte einen Sohn und eine Tochter. Der Sohn hieß Hans und die Tochter hieß Liese.

2) Hier steht zuerst vor dem Nennwort Mann der Einheitsartikel ein; in der weitern Fortführung aber, wo von diesem im vorhergehenden bereits erwähnten Mann die Rede ist, heißt es nicht mehr: ein Mann, sondern: der Mann. Auch das hier vor Mann stehende Begleitwort des Substantivs der heißt Artikel und, weil dadurch das Substantiv als ein bestimmtes, schon bekanntes bezeichnet wird, so nennt man das Wörtchen der den bestimmten Artikel, während im Gegensatz der Einheitsartikel ein auch als der unbestimmte bezeichnet wird.

Ebenso heißt es im folgenden zuerst mit vorgesetztem unbestimmtem Artikel: einen Sohn und eine Tochter; dann aber, wo von diesen Personen als bereits erwähnten und bestimmten die Rede ist, mit Anwendung des bestimmten Artikels: der Sohn —, die Tochter.

3) Der bestimmte Artikel für männliche Substantive lautet der, für weibliche dagegen die.

{ Aufgabe: Setzt die Substantive des Übungsstückes in § 1 in die Einzahl mit dem bestimmten Artikel: der Mann, die Frau u. s. w.

§ 4. Substantiva, im Plural ohne Artikel oder mit dem bestimmten, im Singular mit dem unbestimmten oder dem bestimmten Artikel.

1) Der unbestimmte Artikel kommt, als zugleich die Einheit bezeichnend, natürlich nur in der Einzahl vor. Sollen Substantiva in der Mehrzahl als unbestimmte bezeichnet werden, so stehen sie ohne Artikel. Dagegen können Substantiva mit dem bestimmten Artikel oder Substantiva als bestimmte, wie in der Einzahl, auch in der Mehrzahl vorkommen.

Übungsstück: In der Stube war ein Mann und eine Frau. Der Mann schrieb und die Frau strickte. — In der Stube waren Männer und Frauen. Die Männer schrieben und die Frauen strickten.

2) Warum steht hier (s. § 3,2) das erste Mal ein Mann und eine Frau mit dem unbestimmten Artikel? Warum ist dafür in der Fortsetzung der bestimmte Artikel angewendet? und wie lautet die Form desselben vor dem männlichen Hauptwort Mann und wie vor dem weiblichen Hauptwort Frau? Wie verhält es sich dann mit den Artikeln bei der Umsetzung der Nennwörter aus der Einzahl in die Mehrzahl? Warum fällt dabei der unbestimmte Artikel weg? und wie lautet die Mehrzahl des bestimmten Artikels für das männliche und das weibliche Geschlecht?

{ Aufgabe 1: Setzt in den nachfolgenden Beispielen die hervorgehobenen Substantiva samt den Artikeln aus der Einzahl in die Mehrzahl um:
Für unsern Hausstand hat fast fortwährend ein Schneider und eine Wäscherin zu thun. Der Schneider und die Wäscherin wohnen mit uns in derselben Straße. — In der Schule unterrichtet ein Lehrer und eine Lehrerin. Der Lehrer giebt den wissenschaftlichen Unterricht, die Lehrerin erteilt den Unterricht in weiblichen Handarbeiten. — In der Schloßküche ist ein Koch und eine Köchin beschäftigt. Der Koch ist geschickter als die Köchin.

§ 5. Namen.

Übungsstück: In Hamburg lebte eine Familie, bestehend aus Vater,
Mutter, zwei Söhnen und einer Tochter. Der Mann hieß Karl Friedrich
Wilhelm Schneider, seine Frau Johanna Wilhelmine Auguste Schneider,
geborene Schulz, der älteste Sohn Gottlieb Joseph Friedrich Schneider, der
zweite Sohn Hermann Johann Maximilian Schneider und die Tochter Doro-
thea Sophie Georgine Schneider.

Welches ist hier der allen Mitgliedern dieser Familie gemeinsame Name
oder ihr Familienname? Welches war der Familienname der Frau vor
ihrer Verheiratung? — Die dem Familiennamen vorangehenden Namen
heißen Vornamen und derjenige darunter, bei welchem die damit benannte
Person gewöhnlich genannt oder gerufen wird, ihr Rufname.

§ 6. Eigennamen und Gattungsnamen.

Übungsstück: Ich habe einen guten Freund. Der Freund heißt
Theodor Gottfried Christoph Weber. Er hat einen Onkel in Berlin. Der
Onkel, ein Bruder der Mutter, heißt Adolf Friedrich König und ist ein
Kaufmann.

1) Hier sind die im Singular stehenden Wörter Freund, Onkel,
Bruder, Mutter, Kaufmann Bezeichnungen oder Benennungen von Personen, aber von diesen Benennungen kommt jede nicht nur den betreffenden
Personen, sondern einer ganzen Gattung von Personen zu, und sie heißen
daher als solche Gattungsnamen, während dagegen hier z. B. Weber,
König und die beigefügten Vornamen Einzelwesen (oder Individuen) bezeichnen und als solche eigentümliche oder Eigennamen heißen.

2) Soll aus einer Gattung ein Einzelwesen hervorgehoben
werden, so steht zu dieser Hervorhebung des Einzelnen vor dem Gattungsnamen in der Einzahl in der Regel ein Artikel, und zwar
der unbestimmte, wenn eben allgemein ohne nähere Bestimmung ein
Einzelwesen aus der Gattung herausgehoben wird; dagegen der bestimmte Artikel, wenn es ein schon bekanntes oder näher bestimmtes
Einzelwesen ist. Vor dem Eigennamen einer Person dagegen,
welcher schon an und für sich ein Einzelwesen bezeichnet, steht in der
Regel kein Artikel.

3) Weist das Gesagte an den Gattungs- und Eigennamen in den
Übungsstücken zu § 3 und § 6 nach und vergleicht namentlich noch mit
dem letzten die folgenden Sätze: In unsrer Straße wohnt ein Weber.
Der Weber heißt Christoph Freund. — Gustav Adolf war ein König
von Schweden. (Der König) Gustav Adolf fiel in der Schlacht bei Lützen.
— Angelika Kaufmann war eine Malerin. (Die Malerin) Angelika
Kaufmann war mit Goethe befreundet.

1*

§ 7. Maskulina, Feminina und Neutra.

1) Für ein Kind männlichen Geschlechts im Verhältnis zu seinen Eltern haben wir im Deutschen die Bezeichnung Sohn, für ein Kind weiblichen Geschlechts die Bezeichnung Tochter. Das Wort Sohn ist ein männliches Hauptwort oder ein Maskulinum (masculinum), das Wort Tochter ist ein weibliches Hauptwort oder ein Femininum (femininum), wie man durch das Vorsetzen des Artikels erkennt: ein Sohn, der Sohn, — eine Tochter, die Tochter. Dagegen ist das Sohn und Tochter, also beide Geschlechter in sich fassende Substantiv Kind weder männlich noch weiblich; man sagt weder der Kind, noch die Kind, sondern vielmehr das Kind.

2) Ein Substantiv wie Kind, vor welchem der bestimmte Artikel die Form das hat, nennt man ein sächliches Substantiv oder mit dem lateinischen Wort ein Neutrum (d. h. weder männlich noch weiblich).

3) Den Artikel aber nennt man im Deutschen, weil man daran das grammatische Geschlecht (oder das Genus) der Substantiva erkennen kann, auch Geschlechtswort (s. § 2,2).

{ **Aufgabe:** Setzt nun auch das unbestimmte Geschlechtswort oder den Einheitsartikel vor die Substantiva Sohn, Tochter, Kind.

4) Der unbestimmte Artikel lautet für das männliche und das sächliche Geschlecht gleich, nämlich: ein.

5) Zur abgekürzten Bezeichnung des grammatischen Geschlechts der Substantiva dienen gewöhnlich die drei lateinischen Buchstaben m., f., n. nach dem Anfang der drei lateinischen Benennungen masculinum, femininum, neutrum, also z. B. Sohn m., Tochter f., Kind n., was soviel besagt, wie: Sohn ist ein Maskulinum oder ein männliches Hauptwort (wie man durch Vorsetzung des bestimmten Artikels erkennt: der Sohn); Tochter ist ein Femininum oder ein weibliches Substantiv (die Tochter); Kind ist ein Neutrum oder ein sächliches Nennwort (das Kind) und, vgl. § 2,1, z. B. Sohn m. sg., d. h. Sohn ist ein männliches Hauptwort in der Einzahl; Söhne m. pl., d. h. Söhne ist ein männliches Hauptwort in der Mehrzahl u. s. w.

§ 8. Natürliches Geschlecht.

Übungsstück: Hahn, Henne, Huhn. — Eber, Sau, Schwein. — Stier, Kuh, Rind. — Hengst, Stute, Pferd.

{ **Aufgabe 1:** Schreibt die vorstehenden Tierbenennungen mit vorgesetztem bestimmtem Artikel nieder und fügt zugleich danach die Angabe des grammatischen Geschlechts mit den im vorigen § gelernten Abkürzungen bei, also: der Hahn m., die Henne f. u. s. w.

{ **Aufgabe 2:** Ihr bemerkt, daß für diese Tierbenennungen in betreff des natürlichen und des grammatischen Geschlechts dasselbe Verhältnis stattfindet, wie für die im vorigen § besprochenen Substantiva Sohn, Tochter, Kind. So ist Huhn die beide Geschlechter umfassende Benennung des bekannten Hausgeflügels und hat, ebenso wie Kind, weder männliches noch weibliches Geschlecht, sondern sächliches oder ist ein Neutrum. Das männliche Tier oder das Männchen heißt hier der Hahn und hat männliches Geschlecht oder ist ein Maskulinum; das weibliche Tier oder das Weibchen heißt hier die Henne und hat weibliches Geschlecht oder ist ein Femininum. Führt nach diesem Muster das Gesagte auch in Bezug auf die andern vorstehenden Tierbezeichnungen aus.

{ **Aufgabe 3:** Schreibt die Substantiva des Übungsstücks im Singular und im Plural mit dem unbestimmten und dem bestimmten Artikel nieder (s. § 4, 1), so: Sing.: ein Hahn, Plur.: Hähne; Sing.: der Hahn, Plur.: die Hähne u. s. w.

§ 9. Grammatisches Geschlecht von Personennamen.

Für die bisher durchgenommenen Substantiva findet Übereinstimmung zwischen dem natürlichen Geschlecht und dem grammatischen (dem Genus) statt. Diese Übereinstimmung gilt aber im Deutschen nicht durchgängig für alle Hauptwörter. Vergleicht z. B. die Substantiva Bube, Knabe; Dirne, Mädchen. Bestimmt zunächst das grammatische Geschlecht durch Vorsetzung des bestimmten Artikels. Bube und Knabe sind ihrem natürlichen Geschlecht nach männlich, und übereinstimmend ist auch ihr grammatisches Geschlecht das männliche oder die genannten Wörter sind Maskulina (der Bube, der Knabe). So ist Dirne, dem grammatischen, wie auch dem natürlichen Geschlecht nach weiblich (ein Femininum: die Dirne). Dagegen ist das seinem natürlichen Geschlecht nach ebenfalls weibliche Mädchen doch seinem grammatischen Geschlecht nach sächlich oder ein Neutrum (das Mädchen). Ebenso ist grammatisch das seinem natürlichen Geschlecht nach männliche Substantiv Männchen kein Maskulinum und das dem natürlichen Geschlecht nach weibliche Weibchen kein Femininum, sondern beide Wörter sind grammatisch Neutra (das Männchen, das Weibchen). Ferner umfaßt seiner Bedeutung nach das Substantiv Person das männliche und das weibliche Geschlecht. Grammatisch aber ist es nicht, wie man nach § 7,1 und 8 vielleicht schließen möchte, ein Neutrum, sondern ein Femininum (die Person) und so ist, wie die Zusammensetzung Frauensperson, auch Mannsperson ein Femininum, obgleich dem natürlichen Geschlecht nach ein männliches Wesen bezeichnend. Vergleicht noch das Weib, das Frauenzimmer als Neutra, nicht dem natürlichen Geschlecht gemäß weiblich.

§ 10. Grammatisches Geschlecht von Tiernamen.

Übungsstück: Tier, Säugetier, Vogel, Eidechse, Schlange, Fisch, Insekt, Käfer, Biene, Fliege, Schmetterling, Heuschrecke, Spinne, Krebs, Wurm, Schnecke, Muschel, Auster. — Pferd, Roß, Gaul, Mähre, Klepper, Schlachtroß, Reitpferd, Wagenpferd, Ackergaul, Schimmel, Rappe. — Hund, Jagdhund, Dachshund, Teckel, Mops, Pudel, Spitz, Dogge. — Kuh, Schaf, Ziege, Schwein, Katze. — Maus, Ratte, Hamster, Eichhorn, Hase, Fuchs, Reh, Hirsch. — Bär, Luchs, Wolf, Löwe, Tiger. — Elefant, Nashorn, Nilpferd. — Affe, Meerkatze. — Huhn, Gans, Ente, Taube, Schwan, Pfau, Sperling, Schwalbe, Fink, Amsel, Drossel, Lerche, Nachtigall, Wiedehopf, Kuckuck, Eule, Uhu, Storch, Reiher, Kranich, Strauß, Papagei, Rabe, Krähe, Kolibri, Adler, Geier, Falk, Habicht. — Krokodil, Kamäleon. — Riesenschlange, Boa, Natter, Otter, Viper. — Frosch, Kröte, Molch. — Karpfen, Barsch, Hecht, Karausche, Stör, Aal, Hai, Neunauge, Schlammbeißer.

Aufgabe 1: Schreibt die vorstehenden Tierbenennungen ab, zu jeder den bestimmten Artikel fügend, also: das Tier, das Säugetier, der Vogel u. s. w.

Aufgabe 2: Ordnet die vorstehenden Substantiva nach ihrem grammatischen Geschlecht in drei Klassen als Maskulina, Feminina und Neutra und fügt zu jedem die Mehrzahl, also:

m.	f.	n.
der Vogel, die Vögel.	die Eidechse, die Eidechsen.	das Tier, die Tiere.
der Fisch, die Fische.	die Schlange, die Schlangen.	das Säugetier, die Säugetiere.

u. s. w.

§ 11. Grammatisches Geschlecht von Sachnamen.

Unbelebte Gegenstände oder Sachen (Dinge) haben nur ein grammatisches, kein natürliches Geschlecht.

Aufgabe 1: Setzt vor die nachfolgenden Bezeichnungen von Dingen den bestimmten Artikel, ordnet sie zugleich (vgl. § 10 Aufg. 2) nach dem grammatischen Geschlecht in drei Klassen und fügt zu jedem Dingwort (Substantiv) in der Einzahl auch die Mehrzahl:

Pflanze, Baum, Strauch, Gras, Kraut, Blatt, Blüte, Blume, Frucht, Apfel, Birne, Kirsche, Wurzel, Rübe, Zwiebel, Stengel, Halm, Stamm. — Gebäude, Haus, Hütte, Schulhaus, Rathaus, Kirche, Turm, Stube, Zimmer, Saal, Kammer, Küche, Keller, Boden, Flur. — Buch, Tafel, Griffel, Feder, Bleistift, Lineal, also:

m.	f.	n.
der Baum, die Bäume.	die Pflanze, die Pflanzen.	das Gras, die Gräser.
der Strauch, die Sträuche.	die Blüte, die Blüten.	das Kraut, die Kräuter

u. s. w.

Aufgabe 2: Nennt, unter Beifügung des bestimmten Artikels, Gerätschaften a. des Landmanns, b. des Schneiders, c. des Schusters, d. des Bäckers, e. des Maurers, f. des Zimmermanns, g. des Schmiedes, — ferner h. Teile des menschlichen Körpers, — ferner Gegenstände, die sich i. in der Stube, — k. im Stalle, — l. im Garten, — m. auf einem gedeckten Tische befinden.

Aufgabe 3: Ordnet die von euch in der vorigen Aufgabe zusammengestellten Substantiva nach ihrem grammatischen Geschlecht als Maskulina, Feminina und Neutra und fügt zu jedem Substantiv in der Einzahl auch die Mehrzahl.

§ 12. Aussagesatz. Punkt(um).

Karl schreibt. Diese beiden miteinander verbundenen Wörter enthalten eine Aussage dessen, was Karl thut.

Eine derartige Wortverbindung heißt ein Aussagesatz. Am Schluß desselben steht ein Punkt (m.) oder ein Punktum (n.).

§ 13. Fragesatz. Fragezeichen.

In der umgekehrten Reihenfolge des Aussagesatzes (§ 12): Schreibt Karl? gebraucht man die Wortverbindung nicht, um von Karl auszusagen, daß er etwas thut, sondern, um zu fragen, ob er es thut.

Solche — eine Frage enthaltende — Wortverbindung heißt ein Fragesatz, und am Schluß derselben steht ein Fragezeichen (?):

Schreibt Karl?

§ 14. Ausrufsatz. Ausruf(ungs)zeichen. Komma.

Die Wortverbindung: Karl, schreibe! oder Karl, schreib! enthält weder eine Aussage dessen, was Karl thut (s. § 12), noch eine Frage, ob er etwas thut (s. § 13), sondern die an ihn, als angeredete Person, gerichtete Aufforderung, etwas zu thun.

Solche — an eine angeredete oder angerufene Person gerichtete — Aufforderung heißt ein Ausrufsatz, und am Schluß desselben steht gewöhnlich ein Ausrufungs- oder Ausrufzeichen (!), zuweilen auch ein Punkt.

Hinter Karl, als dem Namen der angeredeten Person, steht ein Komma (,), zuweilen auch ein Ausrufzeichen: Karl! schreib(e)!

Aufgabe: Schreibt die folgenden Aussagesätze richtig ab! Setzt dabei gleich hinter jeden den entsprechenden Fragesatz (f. § 13) und den entsprechenden Ausrufsatz (f. § 14) mit Anwendung der richtigen Satzzeichen: Karl schreibt. — Johanna liest. — Wilhelm rechnet. — Friedrich spielt mit mir. — Auguste strickt. — Liese näht. — Therese spielt Klavier. — Peter singt ein Lied. — Hans turnt am Reck. — Paul und Marie kommen heute abend zu mir.

§ 15. Teile des Aussagesatzes. Subjekt. Prädikat. Zeitwörter (Verba).

1) Der Aussagesatz: Karl schreibt (§ 12) besteht aus zwei Wörtern. Das erste bezeichnet den Gegenstand, von welchem etwas in dem Satz ausgesagt wird, und heißt demgemäß der Satzgegenstand oder das Subjekt.

2) Das zweite Wort (schreibt) enthält das, was von dem Subjekt oder Satzgegenstand ausgesagt wird, und heißt die Satzaussage oder das Prädikat.

3) Das Subjekt ist hier ein Substantiv, und zwar ein Eigenname (§ 6). Es könnte aber auch ein Gattungsname sein, z. B. Das Kind schreibt. In diesem Falle bezeichnet das Subjekt, was der Schreibende ist (ein Kind), im erstern hingegen, wer es ist (Karl). In beiden Fällen aber antwortet das Subjekt hier auf die Frage: wer? Wer schreibt? — Karl schreibt. Das Kind schreibt.

4) Das Prädikat aber antwortet hier auf die Frage: Was thut das Subjekt? — Was thut Karl? Er schreibt. — Was thut das Kind? Es schreibt.

5) Die Redeteile, wodurch die Thätigkeit eines Subjekts —, das, was das Subjekt thut — angegeben wird, heißen Thätigkeits- oder Zustands-, auch Aussage- oder am üblichsten Zeitwörter oder mit dem lateinischen Namen Verba: schreibt ist ein Zeitwort oder Verbum (n.), s. 2; 6).

6) In dem Aussagesatz: Die Rose blüht ist das Subjekt nicht eine Person, sondern eine Sache. Man fragt hier richtig nicht: Wer blüht? —, sondern: Was blüht? Antwort: Die Rose. Die Frage nach dem Prädikat aber lautet auch hier: Was thut die Rose? Antwort: Sie blüht. Das Wort blüht ist ein Zeitwort oder Verbum (s. 5).

7) In den Aussagesätzen: Das Kind schreibt. Die Rose blüht steht das Subjekt in der Einzahl. Setzt man dasselbe in die Mehrzahl um, so lauten die Sätze: Die Kinder schreiben. Die Rosen blühen.

Aufgabe 1: Beantwortet — erst mündlich, dann schriftlich — die nachstehenden Fragen durch vollständige Aussagesätze, indem ihr gleich zu jedem den entsprechenden in der Mehrzahl fügt: Wer fertigt unsere Kleidungsstücke? — Wer macht Schuhe und Stiefel? — Wer säet das Korn? — Wer mähet das reife Getreide? — Wer bindet die Garben auf dem Felde? — Wer drischt das Getreide in der Scheune? — Wer mahlt das Korn zu Mehl? — Wer backt Brot aus dem Mehl? — Wer zeichnet den Plan und Riß zu einem Gebäude? — Wer führt nach dem gezeichneten Plan und Riß das Gebäude aus Holz auf? — Wer mauert das aufgerichtete Fachwerk des Gebäudes aus? — Wer fertigt die Thüren und Fensterrahmen des Gebäudes? — Wer setzt das Glas in die Fensterrahmen? — Wer macht die Schlösser an den Thüren? — Wer setzt die Öfen in den Stuben und die Herde in den Küchen? — Wer deckt

das Dach des Hauses? — Wer brennt die zu dem Bau nötigen Ziegel und Mauersteine? — Wer macht die Eimer und Fässer? — so:
Der Schneider fertigt unsere Kleidungsstücke.
Die Schneider fertigen unsere Kleidungsstücke u. s. w.

Aufgabe 2: Füllt — erst mündlich, dann schriftlich — im folgenden die durch einen Strich bezeichneten Lücken aus, indem ihr zu jedem Subjekt ein die Stimme desselben bezeichnendes Zeitwort fügt, und setzt dann gleich zu jedem Satz in der Einzahl den entsprechenden in der Mehrzahl:
Die Katze —. Der Hund —. Das Pferd —. Die Kuh —. Das Kalb —. Das Schaf —. Die Ziege —. Das Schwein —. Der Hahn —. Die Henne —. Das Küchlein —. Die Gans —. Die Ente —. Der Storch —. Der Rabe —. Der Sperling —. Der Singvogel —. Die Nachtigall —. Die Lerche —. Die Wachtel —. Der Dompfaff —. Der Papagei —. Die Elster —. Der Frosch —. Die Schlange —. Das Heimchen —. Die Brummfliege —. Die Biene —. Der Käfer —.

Übungsstück: Der Schüler schreibt. Der Kaufmann schreibt den Brief an seinen Geschäftsfreund. Mein Bruder zeichnet. Er zeichnet ein Bild auf seine Tafel. Der Schlüssel steckt im Schloß. Ich stecke den Schlüssel ins Schloß. Die Nadel sticht. Die Nadel sticht mich. Du stichst mich mit der Nadel. Das Kind schläft. Du weckst das schlafende Kind. Das schlafende Kind wacht auf. Der Bär brummt. Der Brummbaß brummt. Die Geige klingt hell. Die Trompete schmettert. Die Trommel wirbelt. Die Pauke dröhnt. Der Wind braust. Der Sturm saust. Das Lied schallt. Die Thüre knarrt. Das Fenster klirrt. Die Saite schwirrt. Die Fledermaus schwirrt. Die Fledermaus flattert. Der Vogel fliegt. Der Ball fliegt durch die Luft. Der große Knabe wirft den Schneeball nach mir. Der Knabe wirft mich mit dem Schneeball. Der Schneeball trifft mich. Der Knabe trifft mich mit dem Schneeball.

Aufgabe 3: Schreibt das vorstehende Übungsstück richtig ab und fügt zugleich zu jedem Satz einen entsprechenden, in welchem ihr alle Wörter, bei denen es angeht, aus der Einzahl in die Mehrzahl umsetzt, also zu dem ersten: Die Schüler schreiben; zu dem zweiten: Die Kaufleute schreiben die Briefe an ihre Geschäftsfreunde und zum dritten: Unsere Brüder zeichnen u. s. w.

Aufgabe 4: Schreibt für jeden Satz des Übungsstückes die Fragesätze hin, worauf das Subjekt die Antwort bildet, also bei belebten Subjekten (§. 3) mit wer beginnend, bei unbelebten (§. 6) mit was? und setzt dann als Antwort nicht den vollständigen Satz, sondern eben bloß das Subjekt! Also z. B.: Wer schreibt den Brief an seinen Geschäftsfreund? Der Kaufmann. — Was steckt im Schloß? Der Schlüssel. — Wer steckt den Schlüssel ins Schloß? Ich u. s. w.

Aufgabe 5: Schreibt für jeden Satz eurer Lösung der 3. Aufgabe die Fragesätze hin, worauf das Prädikat die Antwort bildet, also beginnend, je nachdem das Subjekt in der Einzahl oder in der Mehrzahl steht, mit: Was thut? oder Was thun? nebst den sich durch den Sinn ergebenden Abänderungen. In den dahinter zu setzenden Antworten sollt ihr, soweit es angeht, die Substantiva der Frage nicht wiederholen, sondern Ersatzwörter dafür gebrauchen, in folgender Weise: Was thut der Schüler? Nicht: Der Schüler schreibt, sondern: Er schreibt. Was thun die Schüler? Sie schreiben (nicht: Die Schüler schreiben) u. s. w.

§ 16. Objekt. Transitive und intransitive Zeitwörter. Aktiv und Passiv.

1) Der Satz: Der Lehrer unterrichtet besteht nur aus Subjekt und Prädikat. Frage nach dem (persönlichen) Subjekt. Wer unterrichtet?

Antwort: Der Lehrer. Frage nach dem hier durch ein Zeitwort ausgedrückten Prädikat: Was thut der Lehrer? Antwort: Er unterrichtet. Heißt es nun aber weiter: Der Lehrer unterrichtet den Schüler, so lautet die Frage nach dem hinzugetretenen Satzteil: Wen unterrichtet der Lehrer? Antwort: Den Schüler. Vgl. (f. § 15, Übungsstück): Der Kaufmann schreibt. Frage nach dem (persönl.) Subjekt. Wer schreibt? Antwort: Der Kaufmann. Frage nach dem Zeitwort als Prädikat: Was thut der Kaufmann? Antwort: Er schreibt. Die Frage nach dem hinzugetretenen Teil in dem Satze: Der Kaufmann schreibt den Brief lautet, da das Hinzugetretene keine Person, sondern eine Sache ist, nicht: Wen, sondern: Was schreibt der Kaufmann? Antwort: Den Brief.

2) Ein Satzteil, der, auf die Frage: wen? oder was? antwortend, zu dem das Prädikat des Satzes bildenden Zeitwort hinzutritt, bezeichnet das, worauf sich die Thätigkeit des Zeitworts als auf ein Ziel richtet, und heißt das Ziel oder das Objekt des Zeitwortes, und ein mit einem solchen Ziel oder Objekt versehenes Zeitwort heißt ein zielendes oder transitives, während im Gegenteil ein Zeitwort ohne ein solches Ziel oder Objekt ein zielloses oder intransitives genannt wird.

3) Merkt euch die üblichen Abkürzungen v. trans. oder v. tr. oder bloß tr. = (verbum) transitivum oder transitives oder zielendes Zeitwort oder bloß Transitiv — und v. intr. oder bloß intr. = (verbum) intransitivum oder intransitives Zeitwort oder bloß Intransitiv.

4) In den Sätzen: Der Lehrer unterrichtet. Der Kaufmann schreibt sind die Zeitwörter unterrichtet und schreibt ziellose oder verba intransitiva (v. intr.); in den Sätzen: Der Lehrer unterrichtet den Schüler. Der Kaufmann schreibt einen Brief sind die Zeitwörter zielende od. verba transitiva (v. tr.).

Übungsstück: Der Hungrige ißt. Der Hungrige ißt ein Stück Brot. Der Durstige trinkt. Der Durstige trinkt ein Glas Bier. Die Kuh frißt. Die Kuh frißt Gras. Das Pferd säuft. Das Pferd säuft Wasser. Die Schülerin liest. Die Schülerin liest eine Geschichte. Der Knabe rechnet. Der Knabe rechnet eine Aufgabe. Der Gärtner säet. Der Gärtner säet Blumen. Der Gärtner pflanzt. Der Gärtner pflanzt Bäume. Die Katze kratzt. Die Katze kratzt das Kind. Der Hund beißt. Der Hund beißt den Bettler. Der Hund beißt die Knochen entzwei.

Aufgabe 1: Schreibt die vorstehenden Sätze richtig ab und fügt zu jedem Zeitwort ohne Objekt in Klammern die Bemerkung intr., zu jedem Zeitwort mit einem Objekt ebenso die Bemerkung tr., zugleich mit der entsprechenden Frage nach dem Objekt, in folgender Weise:
Der Hungrige ißt (intr.). Der Hungrige ißt (tr.: was ißt er?) ein Stück Brot.

Aufgabe 2: Verwandelt in den Sätzen des Übungsstückes das Subjekt und das Verbum in die Mehrzahl und unterscheidet auch hier die ziellosen Zeitwörter von den zielenden durch die eingeklammerten Bezeichnungen intr. und tr.

5) Wiederholt (f. 1) für den Satz: Der Lehrer unterrichtet den Schüler die Fragen nach dem Subjekt, nach dem Verbum als Prädikat und nach dem Objekt. Wenn ihr aber nun weiter gefragt werdet: Was geschieht mit dem Schüler? —, so werdet ihr mit einem Satze antworten, in welchem das bisherige Objekt zum Subjekt wird: Der Schüler wird von dem Lehrer unterrichtet. Frage nach dem Subjekt: Wer wird von dem Lehrer unterrichtet? Antwort: Der Schüler. Ebenso verhält es sich mit dem Satze: Der Kaufmann schreibt den Brief. Frage nach dem Objekt: Was schreibt der Kaufmann? den Brief und als Antwort auf die Frage: Was geschieht

mit dem Brief? Antwort: Der Brief wird von dem Kaufmann geschrieben. In diesem Satz ist das frühere Objekt zum Subjekt geworden: Wer oder vielmehr: was wird von dem Kaufmann geschrieben? Antwort: Der Brief.

Aufgabe 3: Antwortet — erst mündlich, dann schriftlich — für alle Sätze des Übungsstückes, welche ein transitives Zeitwort mit einem Objekt enthalten — auf die Frage: Was geschieht mit dem Objekt des betreffenden Satzes? — so: Ein Stück Brot wird von dem Hungrigen gegessen rc.

Aufgabe 4: Verfahrt ebenso mit den Sätzen, welche ihr als Lösung der 1. Aufgabe in § 15 niedergeschrieben habt.

Aufgabe 5: Schreibt das Übungsstück des § 15 ab und fügt zu jedem Verbum die Bezeichnung, ob intr. oder tr. und für die Sätze mit transitiven Verben die entsprechende Umformung, wonach das bisherige Objekt des Satzes zum Subjekt wird.

6) In den Sätzen: Der Lehrer unterrichtet den Schüler. Der Kaufmann schreibt den Brief rc. bezeichnet das Verbum eine Thätigkeit des Subjekts, wie die Fragen zeigen: Was thut — der Lehrer, der Kaufmann rc.? In den umgeformten Sätzen: Der Schüler wird von dem Lehrer unterrichtet. Der Brief wird von dem Kaufmann geschrieben rc. handelt es sich nicht um das, was das neue Subjekt thut, sondern um das, was mit demselben geschieht, nicht um eine Thätigkeit des Subjekts, sondern um eine Einwirkung, welche es von dem ursprünglichen Objekt erfährt, erleidet. Demgemäß sagt man: in den ersten Sätzen steht das Verbum in der **thätigen Form**, in den umgeformten aber in der **leidenden**. Die thätige Form des Zeitworts nennt man auch die **aktive Form** oder das **genus activum**, die leidende auch die **passive Form** oder das **genus passivum** und man sagt für „ein Zeitwort in der thätigen Form" auch kürzer: „ein thätiges oder aktives Zeitwort, Aktiv(um), (verbum) activum, bezeichnet durch die Abkürzung: Akt. (act.), wie für „ein Zeitwort in der leidenden Form" ein leidendes oder passives Zeitwort, Passiv(um), (verbum) passivum, abgekürzt: Pass. (pass.), z. B. also: In dem Satz: Der Lehrer unterrichtet den Schüler ist das Zeitwort unterrichtet das Aktiv(um), in dem Satz: Der Schüler wird von dem Lehrer unterrichtet ist das Zeitwort wird unterrichtet das Passiv(um).

Aufgabe 6: Schreibt die in den Lösungen der Aufgaben 3—5 vorgekommenen transitiven Verba so in 2 Abteilungen mit den Überschriften:

Aktiv:	Passiv:
ißt	wird gegessen.

7) Die Zeitwörter des Übungsstückes: essen, trinken, fressen, saufen, lesen, rechnen, säen, pflanzen, traben, beißen kommen teils ohne Objekt oder als Intransitiva, teils mit einem Objekt oder als Transitiva vor. In dem letztern Fall kann die Umformung des Satzes vorgenommen werden, wonach das Objekt zum Subjekt wird und wobei das Verbum aus der aktiven Form in die passive übergeht.

Es giebt andere Zeitwörter, die immer ziellos oder intransitiv sind, bei denen niemals ein — den Fragen wen? oder was? entsprechendes — Objekt oder Ziel steht, auf welches die durch das Verbum ausgedrückte Thätigkeit des Subjekts sich richtet. Bei solchen ausschließlich intransitiven Zeitwörtern kommt natürlich auch keine Umwandlung des Aktivs ins Passiv vor. In dem Satze: Die Katze maut (§ 15, Aufg. 2) ist mauen ein ausschließlich intransitives Zeitwort; denn man kann kein — der Frage wen? oder was? entsprechendes Objekt hinzusetzen.

Aufgabe 7: Schreibt alle Zeitwörter auf, die in der 2. Aufgabe des § 15 und in dem Übungsstück desselben Paragraphen ausschließlich intransitiv sind und von denen daher kein Passiv vorkommt.

§ 17. Übungsstücke. Aufgaben.

Übungsstück 1: Neugeborene Kinder können noch nicht sprechen. Die ersten Stimmäußerungen der Säuglinge bestehen in Schreien und Weinen. Späterhin kommt dazu noch das Jauchzen. Noch später beginnt das Kind zu lallen und dann lernt es allmählich sprechen, d. h. hier: Worte als Ausdruck von Gefühlen und Empfindungen, von Vorstellungen und Gedanken gebrauchen (s. Übungsstück 3). Zunächst bildet das Kind dabei noch keine vollständigen Sätze, sondern reihet vielmehr die Wörter für seine Vorstellungen verbindungslos aneinander und bezeichnet ferner auch sich selbst nur mit dem Namen, wie es das für andere Personen thut. 3. B. sagt ein solches Kind, welches Karl heißt, etwa zu seinem Vater: „Karl Papa aien", was sowohl bedeuten kann: „Ich will dir liebkosend die Wangen streicheln" wie: „Ich habe sie dir gestreichelt"; ähnlich ferner z. B.: „Wauwau Karl beißen. Karl Wauwau schlagen", um auszudrücken: „Der Hund hat mich gebissen — oder: will mich beißen —, ich will ihn schlagen" u. ä. m.

Übungsstück 2: In gewissem Umfange lernen auch manche Tiere den Sinn an sie gerichteter Wörter und Ausrufe verstehen. So weiß ein gut dressierter oder abgerichteter Hund sehr wohl, was sein Herr von ihm verlangt, wenn dieser die verschiedenen Rufe an ihn richtet: „Buß! Pack an!" oder: „Still! Kusch!" oder: „Such! verloren!" u. ä. m. und auch das Zugvieh versteht Zurufe, wie: „Hü! Hott! Rechts! Links! Vorwärts! Zurück! Zopp! Halt! B(u)rr!" u. ä. m.

Übungsstück 3: Allerdings sagt man, wie von Kindern (s. Übungsstück 1) auch von gewissen Vögeln, z. B. von Papageien, Dohlen, Staren ec., daß sie sprechen lernen; aber in diesem Falle bedeutet der Ausdruck doch nur, daß sie manche Wörter der menschlichen Rede hervorzubringen lernen, ohne sie jedoch, wie die Kinder es thun, zum Ausdruck eigener Empfindungen und Gedanken zu verwenden.

Übungsstück 4: In Fabeln werden nicht nur Tiere, sondern auch Pflanzen und selbst ganz leblose Gegenstände, wie z. B. der eiserne und der irdene Topf ec. als handelnde und sprechende Wesen aufgeführt; aber, indem der Fabeldichter dies thut, behandelt er die genannten Wesen und Dinge wie vernunft- und sprachbegabte Personen oder — mit dem Kunstausdruck — er personifiziert sie.

Aufgabe 1: Prägt euch, zur Vorbereitung auf den folgenden Paragraphen, durch sorgfältiges wiederholtes Lesen den Inhalt der Übungsstücke gehörig ein!

Aufgabe 2: Schreibt die Übungsstücke richtig ab und fügt, zur Wiederholung des bisher Durchgenommenen, in Klammern zu jedem vorkommenden Substantiv mit den in § 7,5 gelernten Abkürzungen die Angabe des Numerus und des Genus und ebenso zu jedem vorkommenden Verbum die Angabe, ob es hier transitiv (tr.) oder intransitiv (intr.) ist. Achtet dabei auch auf einzeln vorkommende Wörter, die eigentlich Verba sind, aber hier als Substantiva auftreten, wie z. B. im 3. Satz des 1. Übungsstückes: das Jauchzen und setzt dahinter in der Klammer nach der doppelten Beziehung sowohl die Bezeichnung für das Substantiv wie für das Verbum, so: das Jauchzen (v., intr.).

§ 18. Persönliche Fürwörter.

1) Karl schreibt. Ich schreibe. Du schreibst. In diesen 3 Sätzen wird von einem persönlichen Subjekt die Thätigkeit des Schreibens ausgesagt.

2) Ein ganz kleines Kind namens Karl wird freilich, auch wenn es von sich selbst als von einem Schreibenden spricht, sagen: Karl schreibt (s.

§ 17, Übungsstück 1). Sonst aber wird in der Regel diese Ausdrucksweise nur gebraucht werden, wenn die Person, welche spricht, eine andre ist als die, von welcher sie aussagt, daß diese schreibt. So würde z. B. Fritz, von Karl sprechend, wohl sagen: Karl schreibt oder — in der Voraussetzung, daß man weiß, er spreche von Karl — auch: Er schreibt, wie entsprechend von einer weiblichen Person, z. B.: Karoline schreibt oder: Sie schreibt; dagegen würde er, von sich selbst sprechend, gewöhnlich nicht sagen: Fritz schreibt, sondern: Ich schreibe, und, wenn er Karl als den anredet, welcher schreibt, so würde er ebenfalls nicht sagen: Karl schreibt, sondern: Du schreibst.

3) Der Sprechende gebraucht also von sich selbst das Wort ich, von dem Angeredeten das Wort du und von einer dritten Person, d. h. einer andern als dem Sprechenden selbst und dem Angeredeten, je nachdem sie männlichen oder weiblichen Geschlechts ist, die Bezeichnung er oder sie.

4) Diese Wörter, die für eine Person stehen, heißen persönliche Fürwörter (pronomina personalia), und zwar ist ich das persönliche Fürwort (pronomen personale) zur Bezeichnung des Sprechenden oder der ersten Person; du das persönliche Fürwort zur Bezeichnung des Angeredeten oder der zweiten Person und er das männliche, wie sie das weibliche persönliche Fürwort zur Bezeichnung einer dritten Person.

5) Je nachdem das Subjekt ein persönliches Fürwort der 1. oder der 2. oder der 3. Person ist, ändert sich auch die Form des damit verbundenen Zeitworts, z. B.:

1. Person: ich schreibe; ich rechne.
2.   „   du schreib(e)st; du rechnest.
3.   „   er, sie schreib(e)t; er, sie rechnet.

Aufgabe 1: Bildet nach dem Muster in 5 je die 1., 2. und 3. Person von den Zeitwörtern: lesen, arbeiten, spielen, singen, sehen, hören, fühlen, riechen, schmecken, essen, trinken, stehen, sitzen, liegen, gehen, laufen, springen, tanzen, lachen, weinen.

6) Der Sprechende bezeichnet sich mit ich und unterscheidet sich eben dadurch von allen andern Personen. Diese sind für ihn entweder solche, zu denen er spricht (die er anredet, zweite Personen), oder solche, von denen er spricht (dritte Personen). Der Sprechende kann natürlich, wie eine Person, so auch mehrere anreden und ebenso, wie von einer Person, auch von mehreren sprechen. Z. B. sagt der Lehrer, einen Schüler oder eine Schülerin anredend: Du schreibst richtig; wenn er dieselbe Anrede an mehrere Schüler oder Schülerinnen richtet, so lauten seine Worte: Ihr schreibt richtig. So ist du das Anredewort für eine Person, ihr für mehrere Personen oder: das persönliche Fürwort der 2. Person lautet in der Einzahl (im Singular) du, in der Mehrzahl (im Plural) ihr.

Dies ihr kann aber auch die Zusammenfassung (der Komplex) einer zweiten (angeredeten) Person mit einer oder mehreren dritten sein, z. B.: Du und dein Bruder, ihr schreibt beide richtig und: Du und deine Schwester und dein Bruder, ihr schreibt alle drei richtig.

In der 3. Person sagt der Lehrer von einem einzelnen Schüler: Er schreibt richtig, von einer einzelnen Schülerin: Sie schreibt richtig, von mehreren Schülern oder Schülerinnen: Sie schreiben richtig. Das persönliche Fürwort der 3. Person lautet in der männlichen Einzahl er, in der weiblichen Einzahl sie, in der Mehrzahl (ohne Unterschied der Geschlechter) sie.

7) Der Sprechende kann auch in das, was er von sich aussagt, andere Personen mit einschließen, und zwar sowohl Personen, zu denen —, wie solche, von denen er spricht, z. B.: Ich schreibe (1. Pers. der Einzahl) und du schreibst (2. Pers. der Einzahl), zusammengefaßt: wir schreiben; ferner: Ich schreibe (1. Pers. der Einz.) und ihr schreibt (2. Pers. der Mehrz.), zusammengefaßt gleichfalls: wir schreiben; ebenso für

ich schreibe (1. Pers. der Einz.)
$$\left\{ \begin{array}{l} \text{und er schreibt (männl. Einz. d. 3. Pers.)} \\ \text{und sie schreibt (weibl.} \qquad \qquad) \\ \text{und sie schreiben (Mehrz. der 3. Pers.,} \\ \qquad \text{ohne Unterscheidung des Geschlechts).} \end{array} \right.$$
zusammengefaßt: wir schreiben.

So ist also wir eine Zusammenfassung für ich als das Fürwort der 1. Person mit andern Personen, seien dies nun zweite (angeredete) Personen oder dritte.

Der Kürze halber bezeichnet man auch diese zusammenfassende Mehrzahl wir, welche immer das Fürwort der 1. Person (ich) in sich schließt, als die Mehrzahl oder den Plural zu ich und bildet demgemäß folgende Zusammenstellung für die Einzahl (den Singular, sg.) und für die Mehrzahl (den Plural, pl.) der persönlichen Fürwörter.

Persönliche Fürwörter (pronomina personalia).

	Singular:	Plural:
1. Person:	ich,	wir,
2. „	du,	ihr,
	männlich: weiblich:	
3. „	er, sie	sie.

Übungsstück: Der kleine Fritz kam in das Zimmer zu seinem Vater gelaufen. Er rief: Wir haben eben unsern alten Kutscher gesehen. „Ihr? wer denn?" — Ich. — „Du bist ja aber doch nur einer." — Ja, Karl und Luise haben ihn auch gesehen. — „Wo war er denn?" — Er kam eben aus der Kirche mit seiner Frau und, wie sie uns sahen, kamen sie beide, er und sie, auf uns zu und sprachen mit uns. — „Waret ihr auch recht freundlich gegen sie?" — Gewiß, Vater! Wir haben uns ja so gefreut, sie aber auch.

Aufgabe 2: Schreibt das Übungsstück richtig ab (wobei ihr namentlich auch die Anführungszeichen „ " am Anfang und Schluß der Worte des Vaters zu beachten habt), unterstreicht dabei jedes als Subjekt vorkommende persönliche Fürwort und setzt dahinter in Klammern die Angabe der Person und des Numerus (der Zahl) mit Anwendung der Abkürzungen: 1. (2., 3.) pers. sg. oder pl.

Aufgabe 3: Vervollständigt die Sätze in 5 und in der Aufgabe 1 durch Hinzufügung der Mehrzahl nach folgendem Muster:

	Singular:	Plural:
1. Pers.:	ich schreibe.	wir schreiben.
2. „	du schreib(e)st.	ihr schreib(e)t.
3. „	er, sie schreib(e)t.	sie schreiben.

8) Nur in der 3. Pers. sg. wird bei den persönlichen Fürwörtern das Geschlecht geschieden. Wir haben bisher dabei nur das männliche und das weibliche Geschlecht berücksichtigt; wir müssen jetzt auch das sächliche oder das Neutrum ins Auge fassen. Lest die folgenden Sätze, indem ihr die mit — bezeichneten Lücken durch die entsprechenden persönlichen Fürwörter richtig ausfüllt:

Wilhelm
Auguste } ist artig,   — } spielt ruhig.
Das Kind

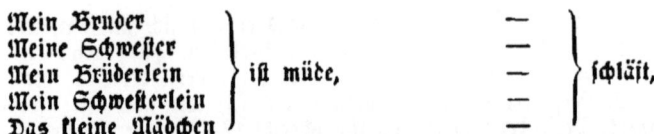

Mein Bruder		
Meine Schwester		
Mein Brüderlein	ist müde,	—
Mein Schwesterlein		—
Das kleine Mädchen		—

schläft,

Daraus ergiebt sich für den Singular des persönlichen Fürworts der 3. Person nach den drei Geschlechtern folgende Zusammenstellung:

männlich (m.), weiblich (f.), sächlich (n.).
er, sie, es.

9) Ich und du als Bezeichnungen des Sprechenden und des Angeredeten nebst den zugehörigen Pluralen wir und ihr bezeichnen natürlich immer Personen oder doch personifizierte Wesen (s. § 17,4 Übungsstück); dagegen kann dasjenige, wovon man spricht, nicht nur eine Person, sondern auch eine Sache sein, und so werden auch die zur Bezeichnung dessen, wovon man spricht, dienenden sogenannten persönlichen Fürwörter der 3. Person nicht nur von Personen, sondern auch von Sachen gebraucht.

Lest die folgenden Sätze, indem ihr die mit — bezeichneten Lücken durch die entsprechenden persönlichen Fürwörter richtig ausfüllt:

	den Mann,	—	
	den Saal,	—	
Ich kenne	die Frau,	—	ist groß.
	die Stube,	—	
	das Kind,	—	
	das Zimmer,	—	

Aufgabe 4: Schreibt zunächst die Sätze in 8 und 9 richtig einzeln mit Ausfüllung der angedeuteten Lücken und mit Hinzufügung entsprechender Sätze in der Mehrzahl in euer Heft, wobei ihr, soweit das Subjekt ein Personenname ist, dem männlichen den entsprechenden weiblichen und umgekehrt hinzufügen möget, und verfahrt ebenso mit folgenden Sätzen:
Das Lamm blökt, — verlangt nach seiner Mutter. Siehst du den Fisch, da schwimmt —. Siehst du das Fischchen, da schwimmt —. Auf dem Baum sitzt ein Vogel, — singt so fröhlich. Auf dem Birnbaum sitzt ein Vöglein, — singt so laut. Auf der Linde hat die Nachtigall ihr Nest, — singt so schön. In der Luft schwebt eine Lerche, — singt so herrlich. An dem Zweig sitzt ein Apfel, — hat rote Backen. Im Grase blüht ein Veilchen, — duftet herrlich. Pflücket die Rose, eh — verblüht! Pflücket das Röslein, eh — verblüht! Man muß das Eisen schmieden, weil — heiß ist. Benutze die Gelegenheit, denn — kehrt so leicht nicht wieder. Vieles wünscht der Mensch und doch bedarf — nur wenig. Was der Mensch denkt und thut, traut — andern zu. Was ich denk und thu, trau — andern zu. Was du denkst und thust, traust — andern zu. Wenn dem Esel zu wohl ist, geht — aufs Eis und bricht ein Bein. Wenn das Grautier sich zu wohl fühlt, geht — aufs Eis und bricht ein Bein. Der Zufriedene ist leicht froh, denn — hat immer genug. Ein zufriedenes Gemüt ist leicht froh, denn — hat immer genug.

§ 19. Zustands-, Nenn- und Eigenschaftssätze. Eigenschaftswörter (Adjektiva).

Übungsstück: Karl ist ein Schüler. Er schreibt. Er ist fleißig.
Der Hund ist ein Haustier. Er bellt. Er ist wachsam.
Die Rose ist eine Blume. Sie blüht. Sie ist rot.
Das Brot ist ein Hauptnahrungsmittel. Es nährt. Es ist nahrhaft.

1) Das Übungsstück enthält zwölf Aussagesätze (j. §§ 12; 15), von denen je drei eine zusammengehörige Gruppe bilden. Nur in dem ersten Satz jeder Gruppe ist das Subjekt durch ein Substantiv bezeichnet; je in den beiden darauf folgenden Sätzen steht dafür ein persönliches Fürwort der 3. Person (j. § 18).

2) Je in dem zweiten Satze der vier Gruppen besteht das zu dem Subjekt gefügte Prädikat aus einem Worte, welches auf die Frage antwortet: Was thut das Subjekt? —, also aus einem Verbum oder Zustandswort (j. § 15, 4, 6). Sätze, in welchen das Prädikat ein Verbum oder Zustandswort ist, heißen Zustandssätze.

> **Aufgabe 1:** Gebt (erst mündlich, dann schriftlich) die vier Zustandssätze an, doch nicht mit dem persönlichen Fürwort, sondern mit dem dadurch vertretenen Substantiv als Subjekt und setzt dahinter die Frage nach dem, was das Subjekt thut mit der entsprechenden Antwort, wobei ihr das Prädikat unterstreichen sollt —, so:
>
> Karl schreibt. — Was thut Karl? — Er schreibt u. f. w.

3) In dem Satz: Karl ist ein Schüler entspricht das Prädikat nicht der Frage: Was thut Karl? —, sondern: Was ist Karl? und der darauf als Prädikat antwortende Ausdruck: ein Schüler ist ein Substantiv oder Nennwort, hier mit dem unbestimmten Artikel. Sätze, in welchen das Prädikat ein Substantiv oder Nennwort ist, heißen Nennsätze. Das Prädikat, das von dem Subjekt ausgesagte (ein Schüler), ist hier mit dem Subjekt (Karl) zu einem Satz verbunden durch das Wort ist, welches demgemäß das Satzband oder die Kopula (copula) heißt. Fehlte dies verbindende Verbum (Karl ein Schüler), so hätte man eben keinen Satz und so ist hier die Kopula ist der eigentliche Träger des Satzes, wie es überhaupt keinen wirklichen vollständigen Satz ohne ein Verbum giebt.

> **Aufgabe 2:** Gebt (mündlich, dann schriftlich) aus dem Übungsstück die vier Nennsätze an und fügt zu den einzelnen Satzteilen die Angaben: Subj.; Kopula; Prädikat, wie auch die Frage nach dem Prädikat und in der Antwort darauf unterstreicht das Prädikat — so: Karl (Subj.) ist (Kopula) ein Schüler (Prädikat). Was ist Karl? Er ist ein Schüler u. f. w.

4) In dem Satze: Karl ist fleißig findet ihr wieder die Kopula oder das Satzband ist, wodurch die Satzaussage oder das Prädikat fleißig an das Subjekt Karl geknüpft ist; aber hier lautet die Frage nach dem Prädikat nicht, wie bei den Zustandssätzen (j. 2): Was thut Karl? —, auch nicht eigentlich, wie bei den Nennsätzen (j. 3): Was ist Karl? —, sondern vielmehr: Wie ist Karl? oder: Wie ist Karl beschaffen? Die Redeteile, die, wie das hierauf antwortende fleißig die Beschaffenheit oder Eigenschaft eines Subjekts bezeichnen, heißen Beschaffenheits- oder Eigenschaftswörter (Adjektiva) und entsprechend heißen Sätze, in welchen das durch die Kopula (ist) angeknüpfte Prädikat ein Adjektiv(um) ist, Eigenschaftssätze. Ohne das ist als Satzband und Träger des Satzes würde man auch hier keinen Satz haben (Karl fleißig).

> **Aufgabe 3:** Verfahrt mit den vier Eigenschaftssätzen des Übungsstückes ebenso wie in der Aufgabe 2 mit den Nennsätzen, — also:
>
> Karl (Subj.) ist (Kopula) fleißig (Prädikat). Wie ist Karl beschaffen? Er ist fleißig u. f. w.

> **Aufgabe 4:** Schreibt das Übungsstück richtig ab und fügt dabei zugleich zu jedem Satz die Angabe als Zustands-, Nenn- oder Eigenschaftssatz, ferner zu jedem Satzteile die Bestimmung durch Subj., Kopula, Prädikat, wie auch die Angabe der Redeteile, aus welchen diese Satzteile bestehen, — nach folgendem Muster des zehnten Satzes:

Das Brot (Subj., bestehend aus einem Subst. mit dem bestimmten Artikel) ist (Kopula, Verbum) ein Hauptnahrungsmittel (Prädikat, bestehend aus einem Subst. mit dem unbestimmten Artikel) [Nennsatz].

Aufgabe 5: Bildet zu jedem Satz des Übungsstückes entsprechende Sätze in der Mehrzahl, indem ihr zu dem Subjekt Karl hinzufügt: und Wilhelm, für das Subjekt, das Brot aber Brot und Fleisch setzt, im übrigen aber den Singular des Subjekts in den Plural umwandelt. Welche Formveränderungen geben hierbei mit den Verben vor? (vgl. § 15 Aufgabe 3). Wie lautet die Kopula im Singular und wie im Plural? Welche Veränderung geht hierbei in den Nennsätzen mit dem Prädikat vor? (vgl. § 4,1). Welche Veränderung habt ihr in dem Nennsatz: Karl ist ein Schüler mit dem Prädikat vorzunehmen, wenn ihr in dem Subjekt statt des männlichen Namens Karl den entsprechenden weiblichen Karoline setzt? Erleidet auch in dem Eigenschaftssatz: Karl ist fleißig das Prädikat eine Veränderung, wenn ihr das Subjekt Karl in Karoline umwandelt? und wie verhält es sich mit dem Prädikat in den Eigenschaftssätzen bei der Umwandlung des Subjekts aus dem Singular in den Plural?

Aufgabe 6: Ich gehe jetzt in die Schule. — Du geh(e)st jetzt in die Schule. — Karl geh(e)t jetzt in die Schule. — Karoline geh(e)t jetzt in die Schule. — Das Kind geh(e)t jetzt in die Schule. — Das kleine Mädchen geh(e)t jetzt in die Schule. — Wir geh(e)n jetzt in die Schule. — Ihr geh(e)t jetzt in die Schule. — Karoline und Wilhelmine geh(e)n jetzt in die Schule. — Die Kinder geh(e)n jetzt in die Schule. — Fügt zu jedem dieser Sätze mit den richtigen persönlichen Fürwörtern (s. § 18) die den drei ersten Sätzen des Übungsstückes entsprechenden Sätze, — so:

Ich gehe jetzt in die Schule. Ich bin ein Schüler. Ich schreibe. Ich bin fleißig.

Du geh(e)st u. s. w.

Aufgabe 7: Schreibt nach der Lösung der vorigen Aufgabe folgende Tabellen richtig und sauber ab (vgl. § 18, Aufgabe 3).

Singular:

1. Pers.:		ich gehe.	ich bin.		ich schreibe.
2. Pers.:		du geh(e)st.	du bist.		du schreib(e)st.
3. Pers.:	m. f. n.	er sie } geh(e)t. es	er sie } ist. es		er sie } schreib(e)t. es

Plural:

1. Pers.:	wir geh(e)n.	wir sind.	wir schreiben.
2. Pers.:	ihr geh(e)t.	ihr seid.	ihr schreib(e)t.
3. Pers. (m; f.; n.):	sie geh(e)n.	sie sind.	sie schreiben.

Aufgabe 8: Prägt euch die Formen dieser Tabelle recht fest und sicher ein und bildet danach (erst mündlich, dann schriftlich) die entsprechenden Formen der in der 1. Aufgabe des 18. Paragraphen angegebenen Verba.

§ 20. Prädikative und attributive Adjektiva, Partizipia.

1) In den Eigenschaftssätzen: Karl ist fleißig. Der Hund ist wachsam. Die Rose ist rot. Das Brot ist nahrhaft (s. § 19) bezeichnet das auf die Frage: Wie ist das Subjekt beschaffen? antwortende Prädikat eine Eigenschaft oder Beschaffenheit des Subjekts, und die betreffenden Wörter: fleißig, wachsam, rot, nahrhaft gehören demgemäß als Redeteile zu der Wortklasse der Beschaffenheits- oder Eigenschaftswörter (Adjektiva). Insofern sie aber als Satzteile das durch die Kopula ist an das Subjekt geknüpfte Prädikat oder die Satzaussage darstellen, nennt man sie auch prädikative (oder satzaussagende) Adjektiva. Ohne das Satzband ist als den Träger des Satzes hat man keinen Satz, aber auch außerhalb des Satzes kann z. B. die Eigenschaft fleißig dem Substantiv Karl beigelegt und mit demselben verbunden sein. Nur sagt man dann gewöhnlich nicht: Karl fleißig,

sondern: der fleißige Karl. In diesem Falle ist das Adjektiv fleißig nicht mehr ein Prädikat oder eine Satzaussage, sondern es heißt Attribut oder Beilegewort, Beiwort, auch attributives (oder beilegendes, verbundenes) Adjektiv (Eigenschaftswort). Vergleicht die hervorgehobenen prädikativen Eigenschaftswörter in den Sätzen: Der Hund ist wachsam. Die Rose ist rot. Das Brot ist nahrhaft mit den attributiven oder Beiwörtern in den Wortverbindungen: Der wachsame Hund. Die rote Rose. Das nahrhafte Brot. In der Regel steht also, wie ihr seht, das auch durch eine angehängte Endung von dem prädikativen Adjektiv unterschiedene attributive Eigenschaftswort vor dem dadurch bestimmten Substantiv.

Anmerkung. Vereinzelt freilich findet sich, namentlich in Gedichten, auch das attributive Adjektiv in der Form des prädikativen seinem Substantiv nachgestellt. Während man z. B. in der gewöhnlichen Sprechweise sagen würde: Rotes Röslein auf der Heide, heißt es in einem bekannten Liede: Röslein rot, | Röslein auf der Heiden! —, vgl.: Vom hohen Himmel — u. (in einem Weihnachtslied von Luther): Vom Himmel hoch, da komm ich her ꝛc.; ferner: Aus dem frischen Brunnen — und (in Uhlands Gedicht Klein Roland): Du holst wie aus dem Brunnen frisch | meines roten Weines Schaum —; ferner: Wer sind ihre treuen Wächter? „Meine blauen Augen." Wer ist ihr freier Sänger? ꝛc. und (ebd.): Sag' an, wer sind die Wächter treu? | „Meine Augen blau allstund." | Sag' an, wer ist ihr Sänger frei? ꝛc. und ebenda: In meinem Prunksaal reich statt: In meinem reichen Prunksaal u. ä. m.

2) Karl schreibt. Der Hund bellt. Die Rose blüht. Das Brot nährt (s. § 19). Auch aus diesen Zustandssätzen kann man Wortverbindungen bilden, in welchen das Prädikat oder die Satzaussage zum Attribut oder Beilegewort wird (s. 1). Diese Wortverbindungen sind: Der schreibende Karl. Der bellende Hund. Die blühende Rose. Das nährende Brot. Hier sind die hervorgehobenen attributiven Bestimmungswörter der Hauptwörter Formen der Zeitwörter schreiben, bellen, blühen, nähren. Sie gehören also teils der Wortklasse der Verba an, teils aber tragen sie das Wesen attributiver Adjektiva an sich und demgemäß nennt man sie, als zwischen den Verben und den Adjektiven in der Mitte stehend oder an dem Wesen der Adjektiva participierend (d. h. teilnehmend), Mittelwörter oder Participia. Als prädikative Adjektiva werden diese Participien meist nicht gebraucht, vgl. die Wortverbindung: Der fleißige (attributives Adjektiv) Karl und den Satz: Karl ist fleißig (prädikatives Adjektiv) — und die Wortverbindung: Der schreibende (attributives Particip) Karl, aber als Satz gewöhnlich nicht: Karl ist schreibend (prädikatives Particip), sondern, indem hier das Prädikat mit dem Satzband oder der Kopula ist in ein Wort verschmilzt: Karl schreibt. Ebenso

als Wortverbindung:	als Satzverbindung:
Der wachsame (attrib. Adj.) Hund.	Der Hund ist wachsam (prädik. Adj.).
Der bellende (attrib. Partic.) Hund.	Der Hund bellt, gewöhnlich nicht: Der Hund ist bellend (prädik. Partic.),

Ihr seht also, sowohl in den auf die Frage: Was ist das Subjekt? antwortenden Nennsätzen (z. B. Karl ist ein Schüler. Der Hund ist ein Haustier), wie in den auf die Frage: Wie ist das Subjekt beschaffen? antwortenden Eigenschaftssätzen (z. B. Karl ist fleißig. Der Hund ist wachsam.) bedarf es zur Verbindung des Prädikats mit dem Subjekt eines eigenen Satzbandes oder der Kopula, welches Verbum wir auch als den Träger des Satzes bezeichnet haben; dagegen in den auf die Frage: Was thut das Subjekt? antwortenden Zustandssätzen (z. B. Karl schreibt. Der Hund bellt.) bedarf es zur Anknüpfung des Prädikats keines besonderen Satzbandes, sondern hier ist die Kopula mit in dem Verbum als dem Träger des Satzes enthalten, wie man denn dies (im allgemeinen freilich nicht sprachüblich) in die Kopula und das prädikative Particip auflösen oder zerlegen kann: **Karl ist schreibend. Der Hund ist bellend.**

In einzelnen Fällen freilich ist auch diese Auflösung sprachlich nicht unüblich, wie folgende Gegenüberstellung zeigt:

Verbindung eines Substantivs mit einem attributiven Bestimmungswort (Adjektiv oder Particip):	Entsprechender Satz, in welchem das Attribut als Prädikat gesetzt ist:
Die rote (attrib. Adj.) Rose.	Die Rose ist rot.
Die blühende (attrib. Part.) Rose.	{ Die Rose blüht { Die Rose ist blühend.
Das nahrhafte (attrib. Adj.) Brot.	Das Brot ist nahrhaft.
Das nährende (attrib. Part.) Brot.	{ Das Brot nährt. { Das Brot ist nährend.
Das schmackhafte (attrib. Adj.) Getränk.	Das Getränk ist schmackhaft.
Das wohlschmeckende (attrib. Adj.) Getränk.	Das Getränk ist wohlschmeckend.
Das gutschmeckende (attrib. Part.) Getränk.	Das Getränk schmeckt gut.
Das berauschende (attrib. Part.) Getränk.	{ Das Getränk berauscht. { Das Getränk ist berauschend.

Aufgabe 1: Schreibt die den Schluß der vorstehenden Nummer bildende Gegenüberstellung richtig und sauber in euer Heft und fügt dazu nach den rechts stehenden Sätzen die Beantwortung der Fragen: Wie ist — die Rose, das Brot, das Getränk beschaffen? — und: Was thut — die Rose, das Brot, das Getränk? und gebt in Klammern an, ob die antwortenden Sätze Eigenschafts- oder Zustandssätze sind, — in folgender Weise:
Wie ist die Rose beschaffen? Sie ist rot (Eigenschaftssatz). Sie ist blühend (Eigenschaftssatz). Was thut die Rose? Sie blüht (Zustandssatz) u. s. w.

3) Aus 2 und aus eurer Lösung der vorstehenden Aufgabe erkennt ihr deutlich, wie die Mittelwörter oder Participien in der Mitte zwischen Verben und Adjektiven stehen und in einzelnen Fällen sich teils mehr den Zustandswörtern (Verben), teils mehr den Eigenschaftswörtern (Adjektiven) zuneigen.

4) **Der Bäcker muß das Brot gut ausbacken. Der Bäcker hat das Brot gut ausgebacken.** In diesen Sätzen ist das Verbum ausbacken ein transitives oder zielendes (s. § 16). Welches ist hier das Objekt zu dem Zeitwort ausbacken? und wie lauten hier die Fragen, woran ihr das Objekt als solches erkennt? Wie lauten die entsprechenden Sätze im Passiv, wenn ihr das frühere Objekt zum Subjekt umwandelt und aussagt, was mit diesem Subjekt geschehen muß oder geschehen ist? In dem Satze: **Das Brot ist (von dem Bäcker) gut ausgebacken** ist das Subjekt: das Brot, das Prädikat: gut ausgebacken, angeknüpft an das Subjekt durch die Kopula: ist. Die attributive Verbindung mit dem Substantiv (außerhalb des Satzes) lautet: **Das gut ausgebackene Brot.** Auch die Form ausgebacken von dem Verbum ausbacken ist ein Mittelwort oder Particip, und zwar ein passives, während (s. 2) nährend, wohlschmeckend ꝛc. aktive sind, vgl. den intransitiven Verben (s. § 16, also natürlich aktiv):

Zustandssätze:	Entsprechende Verbindungen von Substantiven mit attributiven Participien:
Das Kind { schläft. { ist eingeschlafen. { ist aufgewacht. { wacht.	Das schlafende Kind. Das eingeschlafene Kind. Das aufgewachte Kind. Das wachende Kind.

Aufgabe 2: Schreibt die folgenden Adjektiva ab und fügt zu denen, welche darunter Participia sind, das zugehörige Verbum in Klammern, z. B.: duftend (duften); wohlriechend (wohl riechen); geehrt (ehren) ꝛc.:

weiß, schwarz, schwärzlich, grau, grün, rot, blau, bläulich, gelb, edig, drei-edig, viereckig, rund, rundlich, stumpf, scharf, schneidend, schneidig, spitz, spitzig, wohlschmeckend, süß, bitter, herb, salzig, sauer, säuerlich, wohlriechend, duftend, stinkend, eben, glatt, geglättet, höckrig, rauh, hoch, hochragend, niedrig, groß, klein, warm, wärmend, heiß, glühend, brennend, kalt, gefroren, erstarrt, klamm, steif, alt, bejahrt, jung, gestorben, tot, lebend, lebendig, lebhaft, beweglich, flink, fleißig, träge, faul, kriechend, langsam, schnell, dick, dünn, zerbrechlich, zerbrochen, beliebt, geliebt, geehrt, gehaßt, verhaßt, gefürchtet, fürchterlich, furchtbar, schrecklich, schreckenerregend, drohend.

Aufgabe 3: Verbindet die Adjektiva in der Aufgabe 2 als prädikative und attri-butive mit passenden Substantiven und setzt für die prädikativen Participien mit der Kopula die passende Form des Verbums im Zustandssatz, z. B. also: Der Schnee (die Kreide, das Papier ꝛc.) ist weiß —, der weiße Schnee u. s. w. — Der Anblick ist schreckenerregend oder erregt Schrecken, — der schreckenerregende Anblick u. s. w.

Anmerkung. Bemerkt als Einzelheit bei dem prädikativen Adjektiv hoch den Übergang des ch am Schluß in h vor der Endung des attributiven Adjektivs: Der Berg ist hoch, die Berge sind hoch; der hohe Berg, die hohen Berge ꝛc.

Aufgabe 4: Ergänzt in den folgenden Sätzen das fehlende Prädikat durch ein passendes Adjektiv und verbindet dann dies Adjektiv mit dem das Subjekt bildenden Substantiv als Attribut.

Der Fuchs ist —. Der Turm ist —. Die Hunde sind —. Eine Katze ist —. Friedrich ist —. Ein Blatt ist —. Blätter sind —. Eine Rose ist —. Veilchen sind —. Wein ist —. Mein Bruder ist —. Jenes Haus ist —. Unsere Blumen sind —. Diese Bahn ist —. Die Flasche ist —. Die lebenden Krebse sind —. Gekochte Krebse sind —. Der Ball ist —. Der Mann ist —. Die Frau ist —. Das Kind ist —. Die Kinder sind —. z. B. so: Der Fuchs ist rot (oder klug, schlau, listig, lüstern, genäschig, räuberisch ꝛc.) —, der rote u. s. w. Fuchs ꝛc.

§ 21. Adverbia.

1) Vergleicht die beiden Sätze: Der Schüler ist fleißig — und: Der Schüler arbeitet fleißig (s. § 19). Der erste ist ein Eigenschafts-, der zweite ein Zustandssatz. Das Subjekt ist in beiden Sätzen dasselbe (der Schüler), dagegen ist im ersten das Prädikat ein Adjektiv (fleißig), ange-knüpft durch die Kopula (ist), im zweiten Satz aber ein Verbum (arbeitet), in welchem dem Begriff nach die Kopula schon mit enthalten ist (= ist arbeitend); das daneben stehende Wort fleißig ist hier nicht, wie im ersten Satz, das Prädikat oder die Satzaussage, sondern eine nähere Bestimmung des hier die Satzaussage bildenden Verbums. Eine solche nähere zum Verbum (lat.: ad verbum) gefügte Bestimmung nennt man Adverb(ium), deutsch auch Umstands- oder Nebenwort. Der Form nach stimmt hier das Adverbium des zweiten Satzes (fleißig) mit dem das Prädikat des ersten Satzes bildenden Adjektiv vollkommen überein, aber das Adjektiv ist eben das Bestimmungswort eines Substantivs (der Schüler), das Adverbium das des Prädikats oder Verbums (arbeitet), und als solches bleibt es auch unverändert, wenn das Prädikat ins Attribut übergeht (s. § 20), vgl. der fleißige (Adv.) arbeitende (attributives Particip) Schüler und der fleißige (attributives Adjektiv) Schüler; der Mann ist tapfer, der tapfere Mann; der Mann ficht tapfer, — der tapfer fechtende Mann ꝛc. Aber nicht immer stimmen die Adverbia und die prädikativen Adjektiva so vollständig in der Form überein, vgl. z. B.: Er ärgert sich sehr (Adv.), — sein Ärger ist

2*

groß (prädikatives Adjektiv), und **großer** (attributives Adjektiv) **Ärger;** u. ä. m.

2) Adverbia dienen nicht bloß als nähere Bestimmungen von Verben (s. 1), sondern auch von Adjektiven. Vgl.: Der Knabe jauchzt. Der Knabe freut sich. Der Knabe ist erfreut. Der Knabe ist froh. In diesen vier Sätzen ist überall das Subjekt der Knabe. Das Prädikat ist in den beiden ersten Sätzen ein dem Begriff nach die Kopula in sich schließendes Verbum: (jauchzt [= ist jauchzend], freut sich [= ist sich freuend]). In dem vierten Satz tritt die Kopula (ist) besonders hervor, und das dadurch angeknüpfte Prädikat froh ist ein Adjektiv; ebenso in dem dritten Satz erfreut, nur daß dies hier ein Particip ist (s. § 20,4). Mit hinzutretenden nähern Bestimmungen erhält man nun z. B. die Sätze: Der Knabe jauchzt laut, — jauchzt froh ꝛc., wo die Wörter laut und froh als Bestimmungen des Verbums Adverbia sind, ebenso bei Umwandlung des Prädikats in ein Attribut, hier in ein Particip: der laut (froh ꝛc.) jauchzende Knabe. Vgl.: Der Knabe freut sich kindlich, ungemein, gewaltig, sehr ꝛc. Der Knabe ist kindlich, ungemein u. s. w. erfreut oder froh, und: der sich kindlich, ungemein u. s. w. freuende, — der kindlich ꝛc. erfreuete oder frohe — Knabe. Hier sind überall die Wörter kindlich, ungemein, gewaltig, sehr Adverbia, wie auch hoch z. B. in den Verbindungen: Der Knabe ist hoch erfreut; der hoch erfreute Knabe ꝛc.

3) Endlich kann das Adverb auch Bestimmungswort eines andern Adverbs sein. Vgl.: Der Knabe ist froh — und: Der Knabe jauchzt froh. Hier ist froh das erste Mal Adjektiv, das zweite Mal Adverb; in beiden Fällen aber ist eine hinzutretende Bestimmung, wie kindlich, ungemein, sehr ein Adverb, vgl. auch: Der kindlich, (ungemein, sehr) frohe (Adjektiv) Knabe — und: Der kindlich, (ungemein, sehr) froh (Adverb) jauchzende Knabe; ferner: Wir Männer können tapfer fechtend sterben, wo das Particip fechtend als Bestimmungswort des Verbums sterben ein Adverb ist, zu welchem als Bestimmungswort das Adverb tapfer tritt.

4) In dem Satz: Der Kaufmann wohnt jetzt hier, habt ihr zwei Bestimmungswörter des Verbums (wohnt), nämlich jetzt Adverb der Zeit und hier Adverb des Orts. Beide sind nicht von Adjektiven hergeleitet, vielmehr gehören zu denselben abgeleitete Eigenschaftswörter, die aber nicht prädikativ, sondern nur attributiv üblich sind, vgl.: die jetzige Wohnung; die hiesige Wohnung ꝛc., vgl. als Zeitbestimmungen ferner z. B.: Er ist gestern, vorgestern angekommen, kommt heute an, wird morgen (übermorgen) ankommen — und: die (vor)gestrige, heutige, (über-) morgende Ankunft; ferner z. B.: Er ist eben gekommen und will gleich wieder fort, wo es zu den beiden hervorgehobenen Zeitadverbien in dieser Bedeutung keine entsprechenden Adjektiva giebt, ebensowenig wie zu den am Schluß des Satzes stehenden wieder (Adverb der Zeit) und fort (Adverb des Orts); ferner als Zeitadverbien, z. B.: wann? dann, damals ꝛc.; stets, immer; nimmer, nimmermehr, niemals; jemals (entsprechendes Beiwort: jemalig), je; oft (s. u.), oftmals (Beiwort: oftmalig), einstmals (Beiwort: einstmalig), einst, einstens (Beiwort: einstig); dereinst (Beiwort: dereinstig); ehemals (Beiwort: ehemalig), sonst (Beiwort: sonstig); dermalen (Beiwort: dermalig); jetzt (s. o., Beiwort: jetzig), alleweile, nun, nunmehr(ig); künftig (auch als Beiwort), künftighin; einstweilen (Beiwort: einstweilig), mittlerweile, inzwischen, unterdessen; bisher (Beiwort: bisherig); bisweilen, zuweilen, manchmal (Beiwort: manchmalig); oftmals (Beiwort: oftmalig), oft (s. o.); selten (auch Adjektiv); allmählich (auch Adjektiv) ꝛc., ferner als

Ortsadverbia (s. o.), z. B. hier (Beiwort: hiesig), allhier, dahier; dort, dorten (Beiwort: dortig), alldort; da (Beiwort: dasig), allda, daselbst, und fragend: wo?; her; hin; hierher, daher, dorther (fragend: woher?); hierhin, dahin, dorthin (fragend: wohin?); diesseits (Beiwort: diesseitig); jenseits (Beiwort: jenseitig); drüben; hüben; oben (vgl. als Beiwort z. B.: der obige Bericht = der oben stehende, oben befindliche rc.), droben, unten, drunten; außen, draußen; innen, drinnen; vorn, vorwärts; hinten, hinterwärts, rückwärts; ab, herab, hinab, abwärts, herabwärts, hinabwärts, nieder, niederwärts; auf, herauf, hinauf, empor, aufwärts, hinaufwärts, heraufwärts, emporwärts; stromab, stromabwärts, stromnieder, stromauf, stromaufwärts rc.; bergab, bergnieder, bergunter, bergan, bergauf, bergabwärts u. ä. m.

5) Andere Adverbia sind ferner z. B. noch: so (mit dem entsprechenden Beiwort solch, z. B.: Er lachte so, hub ein solches Gelächter an. Er ist so fleißig — von einem solchen Fleiß —, daß rc. Er sieht so aus —, hat solches Aussehen —, wie ein Mädchen rc., und fragend: Wie sieht er aus? welches Aussehen hat er?); dermaßen; anders (Beiwort: ander); besonders (Beiwort: besonder); überaus; durchaus; schlechterdings, platterdings, allerdings, freilich, doch; sicherlich (vgl. sicher als Adjektiv und Adverb), gewißlich, fürwahr, wahrhaftig (auch Adjektiv); schwerlich, kaum; nicht (verstärkt durch das Adverb gar rc.); keineswegs, keinesfalls oder keinenfalls; jedenfalls; fast, beinahe u. ä. m.

6) Vergleicht: Der Fluß liegt links und die Stadt rechts — und: Der Fluß liegt linker Hand (oder zur linken Hand) und die Stadt rechter Hand (oder auf der rechten Seite). Hier sind links und rechts Adverbia, dagegen die hervorgehobenen Umschreibungen nennt man adverbiale (oder adverbielle) Bestimmungen; ähnlich: Geh du linkwärts (Adverb = auf die linke Seite, adverbiale Bestimmung), laß mich rechtwärts (= auf die rechte Seite) gehen. — Kolumbus steuerte westlich oder westwärts (Adverb, s. u., = gen Westen oder: nach Westen, adverbiale Bestimmung). — Er geht langsam (Adverb = mit langsamen Schritten rc., adverbiale Bestimmung) bergan (Adverb = den Berg hinan, adverbiale Bestimmung). — Er wohnt schon (Adverb) lange (Adverb = lange Zeit oder seit langer Zeit, adverbiale Bestimmung) hier (Adverb = an diesem Ort, Platz rc., in dieser Wohnung rc., adverbiale Bestimmung). — Der Bote geht wöchentlich (Adverb = jede oder in jeder Woche, adverbiale Bestimmung) zweimal, allmittwochlich und allsonnabendlich (Adverb = des Mittwochs und des Sonnabends oder am Mittwoch und am Sonnabend rc., adverbiale Bestimmung) dorthin (Adverb = nach jenem Orte, adverbiale Bestimmung). — Er hat sein Glück thöricht (Adverb = in thörichter Weise oder auf thörichte Weise oder — gewöhnlich zusammengeschrieben, s. u. — thörichterweise, adverbiale Bestimmung) verscherzt u. ä. m. Natürlich hat die Sprache nicht für jede adverbiale Bestimmung ein eignes Adverb, vgl. z. B.: Seit vier Jahren (adverbiale Zeitbestimmung) wohnt er in einem kleinen preußischen Städtchen (adverbiale Ortsbestimmung). Dagegen gewinnt manche adverbiale Bestimmung durch Verschmelzung das Ansehen eines Adverbs. So ist z. B. wie gen Westen, auch westwärts eigentlich eine adverbiale Bestimmung, nur daß das Adverb wärts kaum mehr außerhalb der Verschmelzung vorkommt und daher westwärts als ein Wort und somit als Adverb erscheint (s. dagegen das auch als Adjektiv übliche westlich), vgl. thörichterweise (s. o.), verschmelzen aus thörichter Weise u. v. ä., danach auch z. B. kreuzweise adverbial = in der Weise (oder Form) eines Kreuzes; aus-

nahmsweise ꝛc., Verschmelzungen, welche so sehr das Wesen eines Wortes angenommen, daß sie hin und wieder selbst als attributive Eigenschaftswörter gebraucht werden, z. B. eine kreuzweise Stellung, in ausnahmsweisen Fällen ꝛc.; vgl. namentlich zufrieden (Verschmelzung aus der adverbialen Bestimmung zu Frieden, ähnlich wie zur Ruhe ꝛc.), z. B.: ein zufried(e)nes Gemüt ꝛc.

Übungsstück: Der Schüler ist fleißig. Der Schüler lernt fleißig. — Die Rechnung des Kaufmanns ist richtig. Der Kaufmann rechnet richtig. — Das Wort ist falsch geschrieben. Die Schreibweise ist falsch. — Der Hase läuft schnell. Der Lauf des Hasen ist schnell. — Die Bewegung der Schnecke ist langsam. Die Schnecke kriecht langsam. — Der Hund bellt laut. Das Gebell des Hundes ist laut. — Die Nachtigall singt schön. Der Gesang der Nachtigall klingt schön. Der Gesang der Nachtigall ist schön. — Die Rose ist rot. Die Rose blüht rot. — Das Veilchen duftet herrlich. Der Duft des Veilchens ist herrlich. — Die Lage des Landhauses ist reizend. Das Landhaus liegt reizend. Das Landhaus ist reizend gelegen. — Der Turm ist hoch. Der Turm ragt hoch in die Luft. — Die Stadt ist weit entfernt. Die Entfernung ist weit. — Der Mond scheint hell. Der Mondschein ist hell. — Die Lampe brennt dunkel. Das Licht der Lampe ist dunkel. — Die Glocken klingen dumpf und hohl. Der Glockenklang ist dumpf und hohl. — Der Schall der Musik ist hell und jubelnd. Die Musik schallt hell und jubelnd. — Die Leute sind fröhlich. Das Fest wird fröhlich verbracht.

Aufgabe 1: Gebt (erst mündlich, dann schriftlich) bei jedem derartig vorkommenden Worte des Übungsstückes an, ob es prädikatives Adjektiv oder Adverb ist, und verwandelt zugleich jedes Prädikat in das entsprechende Attribut, so: Der Schüler ist fleißig (prädik. Adj.), der fleißige Schüler. Der Schüler lernt fleißig (Adv.), der fleißig lernende Schüler. — u. s. w.

Aufgabe 2: Antwortet (erst mündlich, dann schriftlich) auf folgende Fragen je mit einem Adverbium und mit einer adverbialen Bestimmung: Wann ist dein Vater abgereist? Wann wird er zurückkommen? Wohin ist er gereist? Wie oft warst du schon im Theater? Nach welcher Himmelsgegend liegt Amerika von uns? Wie oft geht die Eisenbahn nach der nächsten Stadt? Wie bewegt sich die Schnecke? Wie bewegt sich das Pferd? Wie bewegt sich des Färbers Gaul? Wann wird der Knabe ein Mann? Wann wird der Mann wieder ein Knabe? Wann fallen Pfingsten und Ostern auf einen Tag? Wo sind alle Häuser aus Pfefferkuchen gebaut und mit Fladen gedeckt? In welcher Richtung muß man gehen, um auf den Gipfel des Berges zu gelangen? Und in welcher Richtung muß man sich bewegen, um vom Gipfel des Berges ins Thal zu gelangen? Nach welcher Richtung fließen die Flüsse? Nach welcher Himmelsgegend fließt die Elbe?

§ 22. Wiederholender Rückblick auf das bisher Durchgenommene nebst einigen Erweiterungen.

Aufgabe 1: Beantwortet (erst mündlich, dann schriftlich) folgende 10 Fragen:

1. Wie heißen die Redeteile, mit welchen man Gegenstände (Personen und Dinge) benennt? (s. §§ 1; 11).

2. Mit welchem Redeteil wird in einem Satz von einem Substantiv ausgesagt, daß es etwas thut? (s. § 15,5).

3. Wie haben wir die Sätze genannt, in welchen das über das Subjekt Ausgesagte ohne ein besonderes Satzband nur durch eine Form des Verbums ausgedrückt ist? (s. § 19,2).

4. Welche andere Arten von Sätzen haben wir kennen gelernt, in denen das Prädikat an das Subjekt durch eine Kopula angeknüpft ist? (s. § 19,3 u. 4).

5. Welches sind die Redeteile, mit denen man angiebt, wie ein Substantiv beschaffen ist? (s. § 19,4).

6. Wie heißen die Adjektiva, wenn sie als Prädikat in einem Satz mittels der Kopula an das Subjekt angeknüpft werden? und wie andrerseits, wenn sie, außerhalb des Satzes, schon mit einem Substantiv verbunden auftreten? (s. § 20,1 ff.).

7. Wie heißen von den Verben diejenigen Formen, welche zwischen den Zeit- und den Eigenschaftswörtern in der Mitte stehen? (s. § 20,2; 4).

8. Wir haben aber auch schon einige andere Begleitwörter der Substantiva kennen gelernt, die diesen, ähnlich wie die attributiven Adjektiva, vorangehen, jedoch weiter keine besondere Eigenschaft oder Beschaffenheit der Substantiva bezeichnen, sondern nur zur Vereinzelung dienen, indem sie aus einer Gattung Einzelwesen hervorheben, entweder allgemein oder als bestimmt und bereits bekannt. Wie heißen diese Wörter als Redeteil? (s. §§ 2,2; 3,2).

9. Die attributiven Adjektiva dienen als Bestimmungswörter der Substantiva nach ihrer Beschaffenheit. Ähnlich giebt es Bestimmungswörter der Verba nach ihrer Beschaffenheit 2c. Wie nennt man diese Wortklasse als Redeteile? (s. § 21).

10. Wir haben ferner für Substantiva, namentlich für Personen-, zum Teil aber auch für Sachnamen Ersatzwörter kennen gelernt, welche die Substantiva nicht nach ihrem weitern Inhalt, sondern nur nach dem Bezug auf den Sprechenden bezeichnen. Wie nennt man diese Ersatzwörter als Redeteile?

Aufgabe 2: Prägt die nachfolgende Tabelle eurem Gedächtnis recht fest und sicher ein und schreibt sie richtig und sauber in euer Heft:

Substantiva.		**Verba.**

Ersatzwörter für Substantiva:
  persönliche Fürwörter.

Bestimmungswörter der Substantiva: Bestimmungswörter der Verba:

Adjektiva { prädikative / attributive.   Adverbia

Artikel { bestimmter / unbestimmter.

§ 23. Satzformen und ruhende Formen des Verbums.
Konjugation.

1) Lest zunächst den § 18 sorgfältig durch! Setzt dann in dem Satze: Das Kind schreibt für das Subjekt das entsprechende persönliche Fürwort! Fügt dann dazu die Formen des Verbums mit den persönlichen Fürwörtern der 1., der 2. und der 3. Person in der Einzahl und in der Mehrzahl! Wo allein tritt bei diesen Fürwörtern eine Unterscheidung der Form nach dem Geschlecht ein? Erstreckt sich diese Unterscheidung auch auf die Form des Verbums? Verfahrt, ebenso wie mit dem Satz: Das Kind schreibt, mit den Sätzen: Das Kind — schrei(e)t, wein(e)t, jauchzet, lall(e)t, ist ruhig, wobei ihr für die 3. Person der Einzahl die Formen so angeben sollt: Er (sie, es) schrei(e)t [d. h. schreiet oder schreit].

2) Diese hier in den Sätzen sich mit und nach den persönlichen Fürwörtern der Einzahl und der Mehrzahl ändernden Formen der Zeitwörter nennt man Satzformen derselben oder verba finita.

3) Die mit einem Redeteil zur Bezeichnung grammatischer Verhältnisse vorzunehmenden Veränderungen in der Form nennt man Abwandlung, Biegung oder Flexion, und man sagt von einem Redeteil, mit welchem diese Veränderungen vorgenommen werden: er wird abgewandelt, gebogen oder flektiert. Insonderheit nennt man die Flexion bei den Zeitwörtern Konjugation und sagt: das Verbum wird konjugiert.

4) Vergleicht die Sätze:

Sing.	1. Perſ.:		Ich ehre meine Eltern.
	2. Perſ.:		Du ehr(e)ſt deine Eltern.
	3. Perſ.:	m.	Der Sohn oder er ehr(e)t ſeine Eltern.
		f.	Die Tochter oder ſie ehr(e)t ihre Eltern.
		n.	Das Kind oder es ehr(e)t ſeine Eltern.
Plur.	1. Perſ.:		Wir ehren unſ(e)re Eltern.
	2. Perſ.:		Ihr ehr(e)t eu(e)re Eltern.
	3. Perſ.:		Sie ehren ihre Eltern — und:
Sing.	1. Perſ.:		Ich bin geehrt.
	2. Perſ.:		Du biſt geehrt.
	3. Perſ.:	m.	Der Sohn oder er iſt geehrt.
		f.	Die Tochter oder ſie iſt geehrt.
		n.	Das Kind oder es iſt geehrt.
Plur.	1. Perſ.:		Wir ſind geehrt.
	2. Perſ.:		Ihr ſeid geehrt.
	3. Perſ.:		Sie ſind geehrt.

In allen dieſen Sätzen finden ſich Formen des Zeitworts ehren, aber nur in den erſten acht Sätzen treten die Veränderungen oder Abwandlungen nach der Perſon und dem Numerus in den Formen von ehren ſelbſt hervor: dieſe ſind hier alſo Satzformen oder verba finita. In den darauf folgenden acht Sätzen aber beſchränken ſich die entſprechenden Formveränderungen nur auf das Satzband oder die Kopula (bin, biſt, iſt; ſind, ſeid, ſind), wohinter unverändert von dem Zeitwort ehren das Particip oder Mittelwort (ſ. § 20,4) geehrt ſteht, welches man auch als adjektiviſches Prädikat auffaſſen und bezeichnen kann. Solche Formen des Verbums ohne jede in der Form hervortretende Beziehung auf die 1., 2. oder 3. Perſon in der Einzahl oder Mehrzahl nennt man ruhende Formen des Verbums, und ſo ſind z. B. in Sätzen: Ich bin geehrt. Du biſt geehrt u. ſ. w. bin, biſt ꝛc. Satz-formen oder verba finita, geehrt dagegen iſt eine ruhende Verbal- (oder Zeitworts-)Form, und zwar von adjektiviſcher (eigenſchaftswörtlicher) Natur oder ein Particip.

Ähnlich ſind auch in den Sätzen: Ich bin aufbrauſend. Du biſt auf-brauſend. Er (der Zornige oder der gärende Wein ꝛc.) iſt aufbrauſend. Wir ſind aufbrauſend. Ihr ſeid aufbrauſend. Sie (die Zornigen oder die gärenden Weine ꝛc.) ſind aufbrauſend — die Formen bin, biſt ꝛc. verba finita, dagegen die Form aufbrauſend eine ruhende Verbalform, und zwar ebenfalls adjektiviſcher Natur (ein Particip).

5) Außer den ruhenden Verbalformen mit adjektiviſchem Weſen (Parti-cipien) haben wir aber gelegentlich auch ſchon kurz andere ruhende Verbal-formen kennen gelernt, die zum Teil ſubſtantiviſches Weſen an ſich haben, ſo in § 17 die zweite Aufgabe, worin zu Jauchzen die doppelte Bezeich-nung gefügt iſt: intr. = zielloſes Zeitwort und n. = ſächliches Hauptwort. Während man die adjektiviſchen ruhenden Verbalformen Participia nennt, bezeichnet man die ſubſtantiviſchen, vor welche man auch den ſächlichen Artikel ſetzen kann (das Jauchzen) als Infinitive oder Nennformen, auch wohl Zuſtandsformen. Vgl.: Ich kann ſprechen. Du kannſt ſprechen. Er (ſie, es — das kleine Kind) kann ſprechen. Wir können ſprechen. Ihr könn(e)t ſprechen. Sie können ſprechen. Hier ſind kann, kannſt ꝛc. Satzformen des Verbums (können), ſich ändernd je nach der Perſon und dem Numerus des Subjekts; dagegen iſt das

dahinter stehende unverändert bleibende sprechen eine ruhende Verbalform, und zwar eine substantivische (vgl. das Sprechen), ein Infinitiv oder eine Nenn-, Zustandsform.

Aufgabe 1: Ich lerne zeichnen. — Du hörst singen. — Er will spielen. — Sie kann rechnen. — Es (das Kind) soll gehorchen. — Wir dürfen ausgeh(e)n. — Ihr müßt still sitzen. — Sie werden fallen. — Bildet zu jedem dieser Sätze die entsprechenden der Reihe nach mit ich, du, er, sie, es (das Kind) als Subjekt in der Einzahl und mit wir, ihr, sie als Subjekt in der Mehrzahl. Unterstreicht dabei die Satzformen und setzt hinter die unverändert bleibenden Infinitive in Klammern die abgekürzte Bezeichnung Inf.

Aufgabe 2: Schreibt die folgenden Sätze ab, unterstreicht dabei jede vorkommende Verbalform und fügt in Klammern zu jeder ruhenden die Angabe, ob es ein Particip (abgekürzt: Part.) oder ein Infinitiv (Inf.) ist und zu jeder nicht ruhenden den Infinitiv und die Person und den Numerus in der kurzen Weise, daß z. B. 1. Pers. sg. bezeichnet: die erste Person im Singular und entsprechend 1. Pers. pl. (= Plural) u. s. w.

Der Vogel fliegt; die Vögel fliegen. Der Strauß kann nicht fliegen, weil sein Körper für die kurzen Flügel viel zu schwer ist, aber er läuft sehr schnell, wobei ihm die Flügel gleichsam als Ruder dienen. Der Mensch spricht. Das Kind lallt, ehe es sprechen lernt. Auch die Papageien lernen sprechen, aber sie lernen nicht dabei denken, wie es das Kind lernt. Einige Vögel singen. Die Nachtigall flötet. Die Lerchen trillern. Der Hahn kräht. Die Hennen gackern. Kann deine Schwester singen? Ja, sie hat eben gesungen und, wenn du sie bittest, wird sie gleich wieder singen. Nun haben wir genug gespielt, jetzt müssen wir arbeiten. Ich werde vorlesen und ihr könnt zuhören. Der Meister beschäftigt viele Gesellen in seiner Werkstatt. In der Werkstatt sind viele Gesellen beschäftigt. Ich lache, weil du so ungeschickt bist. Ihr lacht und ich möchte weinen, das Weinen ist mir näher als das Lachen. Meine Mutter hat geweint, als sie das Unglück hörte. Ich freue mich, wenn du Klavier spielst und deine Schwester dazu singt; wir mögen das Spielen und Singen alle sehr gern hören und wir wünschen, daß ihr uns öfters einen Ohrenschmaus geben möchtet. Dir droht eine Gefahr. Die Gefahr ist drohend. Die Diener lieben ihren Herrn, aber sie fürchten ihn nicht. Dieser strenge Herr ist von seinen Leuten nicht geliebt, aber gefürchtet.

§ 24. Deklination.

1) Auch die Substantiva und ihre Begleitwörter (attributive Adjektiva und Participia, die Artikel ꝛc.) sind einer Abwandlung oder Flexion (s. § 23, 3) fähig. Die betreffende Biegung oder Veränderung nennt man bei diesen Redeteilen Deklination und, wenn man die Reihe der hergehörigen Veränderungen mit einem Worte vernimmt, so sagt man, daß man es dekliniert.

2) Schon in den ersten Paragraphen haben wir eine hergehörige Veränderung kennen gelernt, nämlich die zur Bezeichnung des Numerus (oder der Zahl) als Singular und Plural.

3) Außerdem werden durch die Deklination noch vier Fälle oder Kasus bezeichnet, nämlich: der erste Fall, Casus nominativus oder Nominativ (in der Schrift oft abgekürzt: Nom.), entsprechend den Fragen: wer? oder was? —, der zweite Fall, Casus genitivus oder Genitiv (abgekürzt: Gen.), entsprechend der Frage: wessen? —, der dritte Fall, Casus dativus oder Dativ (abgekürzt: Dat.), entsprechend der Frage: wem? —, der vierte Fall, Casus accusativus oder Accusativ (abgekürzt: Acc.), entsprechend den Fragen: wen? oder was?

3. B. in dem Satz: Der Lehrer der Schule giebt dem Schüler eine Aufgabe habt ihr vier Substantiva: Lehrer, Schule, Schüler, Aufgabe. Das erste antwortet auf die Frage: wer? (Wer giebt eine Aufgabe?) und steht also im 1. Fall oder Nom.: der Lehrer. Das zweite antwortet auf die Frage: wessen? (Wessen Lehrer?) und steht also im 2. Fall oder Gen.: der Schule. Das dritte antwortet auf die Frage: wem? (Wem giebt der Lehrer eine Aufgabe?) und steht also im 3. Fall oder Dat.: dem Schüler. Das letzte antwortet auf die Frage: wen? oder vielmehr (sachlich): was? (Wen oder was giebt der Lehrer dem Schüler?) und steht also im Acc.: eine Aufgabe.

Aufgabe 1: Wiederholt das Gesagte für den dieselben Substantiva im Plural enthaltenden Satz:
Die Lehrer der Schulen geben den Schülern Aufgaben.

Aufgabe 2: Antwortet auf die folgenden Fragen mit dem von euch namhaft zu machenden Kasus: 1. von: der Schüler, — 2. die Schülerin, — 3. das Kind im Singular und dann im Plural: 1. Wer hat eine Aufgabe bekommen? — 2. Wessen Aufgabe ist leicht? — 3. Wem hat der Lehrer eine Aufgabe gegeben? — 4. Wen beschäftigt die Aufgabe?

Aufgabe 3: Verfahrt ebenso mit den Substantiven der Baum, die Pflanze, das Gewächs als Antworten auf die Fragen: 1. Wer oder was leidet durch den Frost? — 2. Wessen Triebe werden durch den Frost beschädigt? — 3. Wem schadet der Frost? — 4. Wen oder was beschädigt der Frost?

Aufgabe 4: Dekliniert mündlich und schriftlich die Substantiva der beiden vorigen Aufgaben mit dem bestimmten und — natürlich nur im Singular (s. § 4,1) — mit dem unbestimmten Artikel.

4) Der auf die Frage wer? oder was? antwortende Nominativ ist, wie ihr wißt (s. § 15), auch der Kasus des Subjekts in jedem Satze und ferner in einem Nennsatze (s. § 19,3) der auf die Frage: Was ist das Subjekt? antwortende Kasus des Prädikats. 3. B. in dem Nennsatze: Karl ist ein guter Schüler lautet das Subjekt, antwortend auf die Frage: Wer ist ein guter Schüler? — Karl (Nomin.); aber auch das Prädikat des Nennsatzes, antwortend auf die Frage: Was ist Karl? — ein guter Schüler ist der Nom., hier bestehend aus einem Substantiv mit vorangehendem unbestimmtem Artikel und attributivem Adj., vgl.: Karl (Subj., Nom.) ist der beste Schüler (Prädikat, bestehend aus einem Subst. mit bestimmtem Artikel und attributivem Adjektiv im Nomin.). Vgl. aus dem Anfang eines bekannten Gedichtes von Freiligrath den Nennsatz: Wüstenkönig ist der Löwe. Frage nach dem Subj.: Wer ist Wüstenkönig? — Der Löwe (Subst. mit dem bestimmten Artikel, Nom.). — Frage nach dem Prädikat des Nennsatzes: Was ist der Löwe? — Wüstenkönig, ein Subst. ohne Artikel im Nom. Es könnte auch mit dem bestimmten Artikel und in umgekehrter Reihenfolge heißen: Der Löwe ist der Wüstenkönig. Das hier das Prädikat bildende Substantiv ist ein zusammengesetztes, vgl. die Auflösung in die beiden Bestandteile:

Der Löwe (Subj., Nom.) ist $\left.{\text{König} \atop \text{der König}}\right\}$ (Prädik., Nom.) $\left\{\right.$ der Wüste.

Frage: wessen König? — der Wüste (im Genitiv). In einem solchen zusammengesetzten Worte wie Wüstenkönig nennt man den am Ende stehenden Bestandteil (König) das Grundwort der Zusammensetzung, den vorangehenden (Wüsten) das Bestimmungswort.

Aufgabe 5: Antwortet mit dem entsprechenden Kasus von ein guter Schüler (im Plur. natürlich ohne Artikel) und von der beste Schüler auf die Fragen: Wer wird von dem Lehrer — gelobt, am meisten gelobt? Wessen gedenkt der Lehrer mit Lob —, mit dem größten Lobe? Wem erteilt der Lehrer (das größte) Lob? Wen lobt der Lehrer (am meisten)? und stellt danach gegenüberstehend die Deklination zusammen von ein guter Schüler und der beste Schüler.

Aufgabe 6: Antwortet (erst mündlich, dann schriftlich) mit dem entsprechenden Kasus von der König der Wüste und der Wüstenkönig auf die folgenden Fragen: Was ist der Löwe? (für die Mehrzahl: Was sind die Löwen?) — Wessen Gebiet ist die Wüste? — Wem gehört die Wüste als Reich? — Wen scheuen die Tiere der Wüste? und stellt danach gegenüberstehend die Deklination zusammen von der König der Wüste und der Wüstenkönig.

Dekliniert ferner so gegenüberstehend auch (s. § 10):

Das Tier; das Säugetier.
Die Schlange; die Riesenschlange.
Das Pferd; das Reitpferd.
Das Roß; das Schlachtroß.
Der Gaul; der Ackergaul.
Der Hund; der Jagdhund.

ferner: Das Haus; das Schulhaus.
Der Baum; der Eichbaum.
Das Buch; das Lesebuch.
Die Feder; die Bleifeder.

5) Bei der Deklination zusammengesetzter Substantiva beschränkt sich die Formveränderung auf die Grundwörter, die Bestimmungswörter bleiben unverändert.

6) Der auf die Frage wen? oder was? antwortende Accusativ ist, wie ihr wißt (s. § 16), auch der Kasus des Objekts bei transitiven Zeitwörtern.

7) Außer den vier — auf die Fragen: wer? oder was? wessen? wem? wen? oder was? antwortenden Kasus (Nom., Gen., Dat. und Acc.) giebt es noch einen fünften, für die Anrede, den Vokativ. Z. B. in dem Ausrufsatz: Karl, schreib(e)! (s. § 14) steht die angeredete Person Karl im Vokativ. Naturgemäß findet sich dieser Kasus nur da, wo eine Anrede statthaft ist, z. B. von dem persönlichen Fürwort (s. § 18) für die angeredete oder zweite Person, du, und für die entsprechende Mehrzahl ihr; ferner von Substantiven, welche Personen oder personifizierte Wesen bezeichnen (vgl. § 17 Üb. 4 und § 18,9). Der Vokativ hat dieselbe Form wie der Nominativ, nur daß niemals ein Artikel davor steht; wohl aber können ihm außer dem Anredefürwort (du, Mehrzahl: ihr) auch Ausrufwörter oder -laute (sogenannte Interjektionen, s. § 29) vorangehen, wie: o, ach 2c., z. B.: Gott! oder: O Gott! oder: Ach Gott! oder: O du großer Gott! — O mein (s. § 25,5) Gott! 2c.; ferner z. B.: Kind (oder: O Kind, — Mein Kind, — Liebes Kind, — O du mein liebes Kind u. s. w.), folge mir! und im Plural: Kinder (oder: O Kinder, — Meine Kinder, — Liebe Kinder, — O ihr meine lieben Kinder u. s. w.), folget mir 2c., auch: Lieb Vaterland [personifiziert], magst ruhig sein! oder: O du mein liebes Vaterland, du magst ruhig sein! wie auch: Frommer Stab (eigentlich sachlich, aber hier in der Anrede mehr belebt gedacht], o hätt' ich immer mit dem Schwerte dich vertauscht! | Hätt' es nie in deinen Zweigen, | heil'ge Eiche, mir gerauscht! | Wärst du nimmer mir erschienen, | hohe Himmelskönigin! (Schiller).

§ 25. Pronomina.

1) Von Pronomen oder Fürwörtern haben wir bisher die persönlichen kennen gelernt (s. § 18). Als Ersatzwörter für Substantiva sind sie wie diese der Deklination fähig.

Aufgabe 1: Wiederholt (erst mündlich, dann schriftlich) folgenden Satz und beantwortet die sich daran knüpfenden Fragen mit den danach richtig bezeichneten Kasus des persönlichen Fürworts der ersten Person (vgl. § 21 und 30):

Ich bitte, vergiß mein (oder meiner) nicht, schreibe mir zuweilen und behalte mich lieb, — so: Wer bittet? Nom.: ich. — Wessen sollst du nicht vergessen? Gen.: mein oder meiner. — Wem sollst du zuweilen schreiben? ꝛc. — Wen sollst du lieb behalten? ꝛc.

Führt nach dem Muster des vorstehenden Satzes die folgenden Satzanfänge aus und fügt dazu die entsprechenden Fragen und Antworten:

Wir bitten, vergiß unser nicht ꝛc. — Du batest, ich möchte dein(er) nicht vergessen ꝛc. — Ihr batet, ich möchte euer ꝛc. — Er (oder mein Freund) bat, ich möchte sein(er) ꝛc. — Sie (meine Freundin) bat ꝛc. — Es (das Kind) bat ꝛc. — Sie (meine Freunde) baten u. s. w.

2) Aus der richtigen Lösung der vorigen Aufgabe ergiebt sich folgende Deklinationstabelle für die persönlichen Fürwörter.

	erste Person	zweite Person	dritte Person		
			m.	f.	n.
		Singular.			
Nom.	ich,	du,	er,	sie,	es.
Gen.	meiner oder mein,	dein(er),	sein(er),	ihrer,	sein(er).
Dat.	mir,	dir,	ihm,	ihr,	ihm.
Acc.	mich,	dich,	ihn,	sie,	es.
		Plural.			
Nom.	wir,	ihr,	sie.		
Gen.	unser,	euer,	ihrer.		
Dat.	uns,	euch,	ihnen,		
Acc.	uns,	euch,	sie.		

Anmerkung. Der Genitiv lautet immer zweisilbig ihrer und gewöhnlich auch meiner, deiner, seiner, während das einsilbige mein, dein, sein mehr der ältern und gehobenen Sprache angehört. Im Genitiv des Plurals kommen zuweilen, auch bei guten Schriftstellern, die Formen uns(e)rer, eurer vor, doch verdienen die Formen unser, euer jedenfalls entschieden den Vorzug.

Aufgabe 2: Ergänzt die namentlich durch den eingeklammerten Nominativ angedeuteten Lücken durch die richtigen Kasusformen der persönlichen Fürwörter:

Mein Oheim ist schon lange fort. (— Nom.) war vor acht Jahren bei (1. Pers. Plur., Dat.). Ich kann mich nur noch dunkel auf (— Acc.) besinnen; mein älterer Bruder aber erinnert sich (— Gen.) noch sehr gut. — Erbarme dich (1. Pers. Sing., Gen.), sieh (— Dat.) bei und verlasse (— Acc.) nicht. — Meine Freunde, verzweifelt nicht! Gott wird sich (2. Pers. Plur., Gen.) erbarmen, (— Dat.) beistehen und (— Acc.) nicht verlassen. — Du hilfst (1. Pers. Sing., Dat.) nicht und widerstrebst (— Dat.) sogar, aber ich werde auch ohne (2. Pers. Sing., Acc.) und trotz (— Gen.) mein Werk zustande bringen. — Wir denken häufig an (2. Pers. Plur., Acc.); gedenkt ihr auch noch zuweilen (1. Pers. Plur., Gen.)? — Kennst du den Mann? Ja, ich kenne (— Acc.), er (— Nom.) ist sehr reich. — Kennst du den Vorgang? Ja, ich kenne (— Acc.), ich habe (— Acc.) mit erlebt und (— Nom.) hat mich sehr erregt. — Kennst du das Gedicht? Ja, (— Nom.) ist sehr schön, ich habe (— Acc.) mir abgeschrieben.

3) Fritz sagte zu Wilhelm: „Leih du mir den Ball!“ Wilhelm antwortete: „Nimm du ihn dir!“ — Fritz sagte zu Wilhelm, er möge ihm den Ball leihen. Wilhelm antwortete, er möge ihn sich nehmen.

Aufgabe 3: Wiederholt die vorstehenden Sätze erst mündlich, dann schriftlich (wobei ihr auch namentlich die Satzzeichen genau zu beachten habt), hebt dabei jedes vorkommende persönliche Fürwort hervor (beim Abschreiben durch Unterstreichen) und fügt dazu die Angabe des Kasus und das Substantiv, für welches das Pronomen steht, — so:

„Leih du (Nom. = Wilhelm) mir (Dat. = Fritz) den Ball!" u. s. w.

4) In den beiden Sätzen: Nimm du ihn dir! — und: er möge ihn sich nehmen, bezeichnen die Dative der persönlichen Fürwörter dieselbe Person wie das im Nominativ stehende Subjekt. Persönliche Fürwörter, die sich auf das Subjekt zurückbeziehen, heißen rückbezügliche oder reflexive Fürwörter (pronomina reflexiva). Sie haben nur in der dritten Person eine eigene Form, vgl.

Persönliche Fürwörter

eine andere Person als das Subjekt bezeichnend:	sich auf das Subjekt zurückbeziehend oder rückbezüglich:
Einzahl:	
Du nimmst mir den Ball.	Ich nehme mir den Ball.
Ich nehme dir den Ball.	Du nimmst dir den Ball.
Er (Karl) nimmt ihm (August) den Ball.	Er (Karl) nimmt sich den Ball.
Sie (Karoline) nimmt ihr (Auguste) den Ball.	Sie (Karoline) nimmt sich den Ball.
Es (das Kind) nimmt ihm (dem andern Kinde) den Ball.	Es (das Kind) nimmt sich den Ball.
Mehrzahl:	
Ihr nehmt uns den Ball.	Wir nehmen uns den Ball.
Wir nehmen euch den Ball.	Ihr nehmt euch den Ball.
Sie (die Kinder) nehmen ihnen (andern Kindern) den Ball.	Sie (die Kinder) nehmen sich den Ball.

Vgl. ferner für den Dativ z. B. auch: Die Mutter wäscht mir, dir, ihm (m.), ihr (f.), ihm (n. = dem Kinde), uns, euch, ihnen (= den Kindern) das Gesicht — und reflexiv: Ich wasche mir das Gesicht. Du wäscht dir das Gesicht. Er wäscht sich das Gesicht. Sie wäscht sich das Gesicht. Es (das Kind) wäscht sich das Gesicht. — Wir waschen uns das Gesicht. Ihr wascht euch das Gesicht. Sie waschen sich das Gesicht;

ferner für den Accusativ z. B.: Die Mutter wäscht — mich, dich, ihn (m.), sie (f.), es (n. = das Kind); uns, euch, sie (= die Kinder) — und reflexiv: Ich wasche mich. Du wäscht dich. Er wäscht sich. Sie wäscht sich. Es (das Kind) wäscht sich. — Wir waschen uns. Ihr wascht euch. Sie waschen sich;

ferner zugleich für den Accusativ und den — auf die Frage: wessen? antwortenden — Genitiv:

		reflexiv:
Ich schäme mich		meiner.
Du schämst dich		deiner.
Er schämt sich		seiner.
Sie schämt sich	eines andern,	ihrer.
Es (das Kind) schämt sich		seiner.
Wir schämen uns		unser.
Ihr schämt euch		euer.
Sie schämen sich		ihrer.

Einen Nominativ giebt es natürlich von den Reflexivpronomen nicht, da sie sich ja immer auf den Nominativ (das Subj.) zurückbeziehen.

> **Aufgabe 4:** Stellt nach dem Vorhergehenden die Deklinationstabelle des Reflexivpronomens der 3. Person zusammen und setzt dazu statt des fehlenden Nominativs im Sing.: (er, sie, es), im Plur.: (sie) in Klammern.

5) An den Genitiv der persönlichen Fürwörter schließen sich zunächst die attributiven (s. § 20, 1) Possessivpronomen (pronomina possessiva, die besitzanzeigenden Fürwörter) an, vgl.:

Persönliche Fürwörter:

Nom.   ich;   du;   er,   sie,   es;   wir;   ihr; sie.

Gen.   mein(er); dein(er); sein(er), ihrer, sein(er); unser; euer; ihr.

Besitzanzeigende Fürwörter:

mein;   dein;   sein,   ihr,   sein;   unser; euer; ihr.

> **Aufgabe 5:** Antwortet (erst mündlich', dann schriftlich) auf die folgenden Fragen:
>
> Wer oder was erfreut dich?
> Wessen freuest du dich?
> Wem dankst du viele Freuden?
> Wen oder was liebst du?
>
> mit dem entsprechenden Kasus der Substant. Bruder m., Schwester f., Schwester-chen n.; Garten m., Wiese f., Haus n. in Verbindung mit den besitzanzeigenden Fürwörtern, zuerst allein, dann auch unter Hinzufügung der attributiven Adjektiva gut für die Personennamen, groß für die Sachnamen, so:
> Wer oder was erfreuet dich? Nom.: Mein Bruder..., mein Garten ..., mein guter Bruder..., mein großer Garten ...; dein Bruder u. s. w.

6) An den bestimmten Artikel (s. § 3, 2 ff.) schließen sich die hinweisen-den, hinzeigenden oder demonstrativen Fürwörter (pronomina demonstrativa), vgl.: **Der Mann** hat es gesehen und nicht die **Frau.** Hier werden die durch den gesperrten Druck hervorgehobenen Substantiva (Mann, Frau) einander entgegengesetzt und beim Sprechen durch die Betonung hervorgehoben; die davorstehenden bestimmten Artikel (der, die) sind tonlos. Heißt es dagegen: **Der** Mann hat es gesehen und nicht **jener** (Mann), so liegt der Nachdruck und der Hauptton nicht auf den Substantiven, sondern auf den Wörtern der und jener, die wohl auch mit einer hinweisenden Gebärde mittels des Zeigefingers begleitet werden, ähnlich: **Dieser** Mann hat es gesehen und nicht **jener.** Das nachdrücklich betonte der, wie dieser und jener, gehört zu den hinweisenden Fürwörtern.

> **Aufgabe 6:** Beantwortet die folgenden Fragen mit den entsprechenden Kasus von dieser Mann, diese Frau, dieses oder dies Kind und dann ebenso von jener Mann u. s. w.
> Wer bürgt dir dafür? Nom.: Dieser Mann u. s. w.
> Wessen Bürgschaft hast du dafür? Gen.: Die Bürgschaft dieses Mannes rc.
> Wem erzählst du dies nach? Dat.: Diesem Manne u. s. w.
> Wen hast du als Bürgen dafür? Acc.: Diesen Mann u. s. w.

7) Liegt in der Wortverbindung: ein Mann der Nachdruck und der Ton auf dem Substantiv, so ist das verbundene (oder attributive) ein der unbestimmte Artikel (s. § 2, 3). Wird aber das Wort ein betont und hervorgehoben, so legt man damit den Nachdruck auf die Zahl und in diesem Fall ist ein ein Zahlwort (s. § 26), welchem andere bestimmte Zahlen gegenüberstehen, wie z. B. in: zwei Männer, drei Männer, vier Männer rc., zehn Männer rc., hundert Männer u. s. w., aber auch Wörter mit dem Begriff der unbestimmten Zahl, wie z. B. in: einige Männer, manche Männer, viele Männer, wenige Männer rc. Die unbestimmten Zahl-

wörter bezeichnet man auch als unbestimmte Fürwörter, pronomina indefinita, zu denen auch einige substantivische Wörter mit zurücktretendem Zahlbegriff gehören, vgl.: ein Mensch und ein Mensch, worin jewohl das tonlose wie das betonte ein attributives Begleitwort des Substantivs Mensch ist und ohne Substantiv (selbst substantivisch) einer wie jemand, z. B.: Das hat mir einer (oder jemand) erzählt, den Namen darf ich nicht nennen 2c., verneint: kein Mensch oder kein Mensch (worin das unbestimmte Fürwort kein attributives adjektivisches Begleitwort des Substantivs Mensch ist) und substantivisch: keiner wie niemand. Ähnlich auch sachlich: ein Ding, eine Sache und (substantivisch): etwas, verneint: kein Ding, keine Sache und (substantivisch): nichts; ferner von unbestimmten Fürwörtern z. B.:

attributiv (neben Hauptwörtern):	substantivisch (ohne Hauptwort):
Dem Irrtum ist jeder Mensch unterworfen.	Dem Irrtum ist jeder unterworfen.
Dem Irrtum sind alle Menschen unterworfen.	Dem Irrtum sind alle unterworfen.
Ich weiß noch alle Punkte und jede Einzelheit.	Ich weiß noch alles und jedes.
Ich könnte dich noch an manche (an viele, an einige) Dinge erinnern.	Ich könnte dich noch an manches (an vieles, an einiges) erinnern u. ä. m.

8) Fragende Fürwörter, pronomina interrogativa. Hiervon sind schon mehrfach erwähnt die alleinstehenden oder substantivischen, nämlich das nach Personen fragende wer? (Gen.: wessen? Dat.: wem? Acc.: wen?), woran sich das nach Sachen fragende was? (namentlich im Nom. und Acc.) schließt (s. § 15,3ff. u. § 24,3ff.). Als attributives Begleitwort von Substantiven entspricht zunächst das fragende Fürwort welch? — vgl.: Wer oder welcher Mensch, welche Person hat etwas verloren? Was od. welcher Gegenstand, welche Sache, welches Ding ist verloren? ferner z. B.: Welcher Garten, welche Wiese, welches Haus gehört ihm? u. s. w. Dieses welch fragt zunächst nach einem Einzelwesen (oder Individuum), dagegen lautet das nach der Beschaffenheit fragende, also einem eigentlichen Eigenschaftswort (s. § 20) entsprechende adjektivische Fragefürwort (unveränderlich) was für im Sing. mit nachfolgendem unbestimmtem Artikel und im Plural ohne Artikel, z. B.: Was für ein Haus bewohnt ihr?" Ein sehr schönes. „Welches?" Das dort drüben 2c. „Mit was für Personen waret ihr dort zusammen?" Mit sehr liebenswürdigen. „Mit welchen denn?" Mit Gustav, Karl und Wilhelm 2c.

Adverbiale Fragefürwörter (s. § 21,4) sind z. B. wann = zu welcher Zeit? — wo? = an welchem Orte? — woher? = von welchem Orte? — wohin? = nach welchem Orte? — wie? = auf welche Art (Weise)? in welchem Grade? 2c. — warum, weshalb, weswegen? 2c. = aus welchem Grunde? u. ä. m.

9) Ein Mann hat es mir erzählt. Der Mann ist selbst dabei gewesen. (Gebt nach § 3,2 an, warum in dem ersten Satze vor Mann der unbestimmte Artikel, im zweiten der bestimmte steht. Für der Mann im zweiten Satze könnte es auch mit dem persönlichen Fürwort (s. §§ 18 u. 25) heißen er; aber auch in diesem Fall hätte man zwei getrennte Sätze. Heißt es dagegen: Ein Mann, welcher (oder der) selbst dabei gewesen ist, hat es mir erzählt, so hat man eine Satzverbindung und das hier für ein Mann stehende Fürwort welcher (oder der) hat zugleich eine satzverbindende

oder satzanknüpfende Kraft (vgl. § 28, 3). Solche satzanknüpfenden Fürwörter, welche sich auf ein vorangegangenes Substantiv beziehen, heißen
bezügliche Fürwörter oder pronomina relativa. Wie welcher (s. 8)
können auch andere fragende Fürwörter als bezügliche oder relative gebraucht
werden, vgl. z. B.: An welchem Ort oder wo (pronomen interrogativum)
ist das geschehen? Der Ort, an welchem (an dem) — oder: wo (pronomen
relativum) es geschehen ist, liegt bei Berlin u. s. w.

§ 26. Zahlwörter (Numeralia).

1) Zahlwörter sind bereits in § 25, 7 erwähnt, und zwar sowohl
unbestimmte (oder allgemeine), wie bestimmte.

2) Die auf die Frage wieviel? antwortenden bestimmten Zahlwörter
(zumeist adjektivisch, als attributive Begleitwörter von Substantiven) nennt
man, weil daraus die übrigen hergeleitet werden, Haupt-, Grund- oder
Kardinalzahlen. Sie sind euch zur Genüge vom Rechnen her bekannt.

3) Ein vor die Kardinalzahlen gesetztes je (vgl. 6) bezeichnet die gleich-
mäßige Verteilung und so nennt man die Verbindung: je ein (substantivisch
je einer), je zwei, je drei u. s. w. Verteilungs-, Vereinzelungs-
oder Distributivzahlen, Numeralia distributiva, z. B.: Je ein Soldat
bekam —, je zwei Soldaten bekamen — ein Brot 2c.; in ähnlichem Sinne
auch z. B.: zwei und zwei 2c., oder: je (oder immer) zwei und zwei; (je)
drei und drei u. s. w.

4) Mit dem Hauptwort Mal verbunden, bilden die Grundzahlen Adverbia, die der Frage wievielmal? entsprechen und ihrer Bedeutung gemäß
Wiederholungszahlen, Numeralia iterativa, heißen: einmal, zweimal 2c.,
hundertmal, dreihundertfünfundsechzigmal u. s. w. So auch mit unbestimmten Zahlen (s. 1), z. B. vielmal oder vielmals (vgl. oft, s. § 21, 4 — und
fragend wie oft?), mehrmals, mehrere Mal, wenige Mal (vgl. selten),
manchmal oder manches Mal, einige Mal, ein paarmal, allemal, vgl. auch:
keinmal (kein einziges Mal), niemal(s) 2c., auch unzählige Mal 2c. An
diese Adverbia schließen sich auch Adjektiva (s. § 21, 4), z. B.: Das ein-
malige Durchlesen genügt nicht, es bedarf zur Einprägung des Inhalts
einer öftern, einer zwei-, drei- und mehrmaligen Wiederholung 2c.,
vgl. die mit -fach, -fältig zusammengesetzten Adjektiva und Adverbia als
Vervielfältigungs- oder Multiplikationszahlen, Numeralia mul-
tiplicativa, z. B.: ein-, zwei- (oder zwie-), drei- 2c., hundert-, tausend- 2c.,
viel-, mehr- 2c. -fach oder -fältig, vgl. auch: mannigfach und mannig-
faltig.

5) Zahlwörter zur Angabe der bestimmten Stelle, welche etwas in der
geordneten Reihenfolge einnimmt, nennt man Ordnungszahlen, Numeralia ordinalia. Die adjektivischen antworten auf die Frage: der wievielste?
(oder wievielte?) und werden aus den Grundzahlen gebildet, von zwei bis
neunzehn durch Anhängung eines t, von da ab eines st, z. B. also: der
zweite, neunte, zehnte, neunzehnte, zwanzigste, einundzwanzigste, hundertste,
hundert(und)zweite, dreihundert(und)neunzehnte, tausendste u. s. w., vgl.:
der millionste oder millionte und so schwankend auch von Billion, Trillion
u. s. w. Zu bemerken habt ihr noch, daß zu der schon auf t ausgehenden
Grundzahl acht die Ordnungszahl der achte heißt, ferner zu drei — der
dritte (nicht: der dreite) und daß der Grundzahl eins als Ordnungszahl
der erste entspricht, welcher — den Anfang bezeichnenden — Ordnungszahl
als den Schluß bezeichnender Gegensatz der letzte gegenübersteht, vgl. als

Verstärkung: der allererste, allerletzte, ferner: der zweit- oder vor-
letzte, der dritt-, viertletzte ꝛc.

6) (f. 5, vgl. 3 u. 4) Auch vor die adjektivischen Ordnungszahlen kann
das vereinzelnde Adverb je (oder jedesmal oder immer) treten, z. B.: Je
(oder immer, jedesmal) der zehnte Mann wurde zur Bestrafung her-
ausgegriffen ꝛc. S. ferner adverbiale Verbindungen mit Mal, wie: Das
erste Mal warst du unaufmerksam, aber gieb nun wenigstens beim zweiten Mal recht acht, denn zum dritten Mal wiederhole ich es nicht u. f. w.
Vgl.: an erster (oder der ersten), zweiter ꝛc. Stelle; in erster
(oder der ersten) Reihe ꝛc. und dafür als adverbiale Ordnungszahlen:
erstens, zweitens, drittens ꝛc., zwanzigstens ꝛc., letztens (vgl.
auch: erstlich, zuerst; zuletzt ꝛc.).

7) Eine eigentümliche Verschmelzung bilden die Ordnungszahlen mit
dem Pronomen selb, z. B.: Er speist selbdritt, d. h. mit noch zweien, so
daß er selbst der dritte ist; so: selbviert, mit noch dreien u. f. w. und
mit der älteren Form für zwei (vgl. 8): selbander, mit noch einem (zu
zweien).

8) Aus der Verschmelzung der adjektivischen Ordnungszahlen mit dem
Substantiv Teil (zumeist verkürzt in ein tonloses tel) entstehen die Bruch-
zahlen, Numeralia partitiva, vgl.: Der (oder das) zehnte Teil, das
Zehnteil oder (üblicher) das Zehntel eines Meters oder ein zehntel
Meter heißt ein Decimeter. Eine Länge von 7 zehntel Meter. So: drittel,
viertel ꝛc., zwanzigstel, hundertstel, tausendstel u. f. w., z. B.: eine viertel
Elle; die Hälfte von einer viertel Elle u. f. w. In der Rechenkunst auch:
eintel zur Bezeichnung eines Ganzen, z. B.: Fünf Eintel (⁵/₁) sind fünf
Ganze; in der Tonkunst auch Zweitel (z. B. Zweizweiteltakt ꝛc.), gewöhnlich
dafür halb, z. B.: eine halbe Elle; ein halbes Kilo; ein halber Centner ꝛc.
Hierbei ist eine im gewöhnlichen Leben sehr übliche Verschmelzung zu bemerken und zu erklären, wonach man z. B. für sechs ganze Liter und das
siebente halb kurz sagt: siebentehalb Liter und so: drittehalb (= 2½);
viertehalb (= 3½) u. f. w. und mit Anwendung des veralteten ander für
zwei (f. 7): anderthalb (= 1½).

§ 27. Präpositionen (Verhältniswörter).

1) Die Kasus (f. § 24) bezeichnen bei den Substantiven und substantivischen Wörtern gewisse Verhältnisse im Satze. Vgl. die Sätze: Der
Vater liebt den Sohn. Der Vater liebt mich. Der Sohn liebt den Vater.
Ich liebe den Vater ꝛc. Hier bezeichnet der Nominativ das Verhältnis des
Subjekts, der Accusativ das Verhältnis des Objekts, wie ferner der Genitiv
ein Verhältnis, das der Frage wessen? —, der Dativ eins, das der Frage
wem? entspricht. Die Kasus allein aber reichen nicht für alle hier auszu-
drückenden Verhältnisse aus und man bedient sich, wo dies nicht der Fall
ist, zur Anknüpfung der Substantiva eigener Wörter, die man, als zur Bezeichnung der verschiedenen Verhältnisse dienend, Verhältniswörter nennt,
oder, nach dem Lateinischen, in Bezug auf ihre gewöhnliche Stellung, Präpositionen (d. h. Vorwörter).

2) Vgl.: Ich lese das Buch [Acc. des Objekts]. Ich lese eine Geschichte
[Acc. des Objekts] in dem Buche. Ich lese in dem Buche. Das zur
Anknüpfung des Substantivs Buch dienende Wörtchen in ist eine Präposition,
und zwar, wie ihr seht, hier eine mit dem Dativ verbundene oder, wie der
grammatische Kunstausdruck lautet, den Dativ regierende oder eine, wovon
der Dativ abhängt. — Ich schreibe meinem Freunde [Dativ entsprechend

dem Verhältniß der Frage: wem?] einen Brief [Acc. des Objekts] und: Ich schreibe einen Brief [Acc. des Objekts] an meinen Freund. Hier ist das hervorgehobene an eine den Accusativ regierende Präposition. — Ich konnte wegen des Regens nicht ausgehen. Hier ist wegen, das Substantiv der Regen anknüpfend, eine Präposition, und zwar eine den Genitiv regierende.

3) Die Kasus, welche von Präpositionen abhängen, sind der Genitiv, der Dativ, und der Accusativ. Einzelne Präpositionen regieren auch, je nach den Umständen, verschiedene Kasus. Das Nähere über diese abhängigen (regierten) Kasus oder über die Rektion muß einer späteren Stufe vorbehalten bleiben.

§ 28. Konjunktionen (Bindewörter).

1) Der Sohn unseres Nachbars ist ein aufmerksamer Schüler und er giebt sich auch viele Mühe bei seinen Arbeiten, aber das Lernen wird ihm herzlich sauer.

Diese Satzverbindung besteht aus drei Aussagesätzen, von denen der erste ein Nenn-, der zweite ein Zustands- und der dritte ein Eigenschaftssatz ist. Die Träger der drei Sätze oder die verba finita sind ist, giebt, wird.

Das auf die Frage wer? antwortende Subjekt des ersten Satzes lautet der Sohn unseres Nachbars und besteht aus einem Substantiv mit davor stehendem Artikel, zu welchem Substantiv als Ergänzung (Komplement) ein auf die Frage wessen? antwortender Genitiv eines Substantivs mit einem Possessivpronomen gehört. Wessen Sohn? — Unseres Nachbars. Das durch die Kopula ist angeknüpfte Prädikat, antwortend auf die Frage: Was ist der Sohn unseres Nachbars? —: ein aufmerksamer Schüler besteht aus einem Substantiv mit dem unbestimmten Artikel und einem attributiven Eigenschaftswort.

In dem zweiten Satz ist das Subjekt das persönliche Fürwort der dritten Person er, welches für der Sohn unseres Nachbars steht; das Kopula und Prädikat in sich vereinigende Verbum ist das transitive giebt, zu welchem als nächste Ergänzung das auf die Frage: Was giebt er? antwortende Objekt viele Mühe im Accusativ gehört. Das attributive Begleitwort viele des Substantivs Mühe in diesem Objekt gehört zu den unbestimmten Zahl- oder Fürwörtern (s. § 25, 7). Eine weitere Ergänzung des Verbums geben steht hier, antwortend auf die Frage: Wem giebt er viele Mühe? im Dativ, und zwar ist dieser Dativ sich, als sich auf das Subjekt des Satzes er zurückbeziehend, der Dativ des rückbezüglichen Fürworts der dritten Person (s. § 25, 4). Außerdem enthält dieser Satz noch eine adverbiale Bestimmung (s. § 21, 6). Wobei giebt er sich viele Mühe? — Bei seinen Arbeiten. Hierin steht das Substantiv Arbeit mit dem attributiven Possessivpronomen sein im Dativ Pluralis und ist angeknüpft durch das Wörtchen bei, welches daher nach § 27 als eine den Dativ regierende Präposition zu bezeichnen ist.

In dem letzten Satz: Das Lernen wird ihm herzlich sauer ist das Subjekt (im Nom.) das Lernen ein substantivischer Infinitiv (s. § 23, 5). Das Prädikat ist hier das Adjektiv sauer, näher bestimmt durch das Adverb herzlich (s. § 21). Zur Verbindung des adjektivischen Prädikats mit dem Subjekt oder als Satzband (Kopula) steht hier nicht das Verbum sein, sondern das ähnliche werden, welches in Verbindung mit dem Prädikat sauer die Satzaussage darstellt. Zu der Satzaussage tritt dann noch, entsprechend der Frage: Wem wird das Lernen herzlich sauer? der Dativ des persönlichen männlichen Fürworts der dritten Person: ihm (= dem Sohn unseres Nachbars).

2) Nennt die von uns in 1 noch nicht besprochenen Wörter der drei Sätze. Diese Wörter dienen zur Verknüpfung und Verbindung der Sätze, und solche satzverbindenden Wörter (oder Partikeln, s. § 30,11) nennt man Bindewörter oder Konjunktionen. An den ersten Satz: Der Sohn unseres Nachbars ist ein aufmerksamer Schüler wird der zweite: er giebt sich viele Mühe bei seinen Arbeiten angeknüpft durch die beiden Bindewörter: und, auch. Von diesen Partikeln bezeichnet die erstere die Hinzufügung, die zweite die Gleichmäßigkeit des Hinzutretenden; der folgende Satz ist dann durch die Konjunktion aber angeknüpft, die einen Gegensatz bezeichnet, vgl. mit einer ähnlichen Konjunktion zur Bezeichnung des Gegensatzes: Dennoch wird ihm das Lernen herzlich sauer und ferner in einer etwas andern Verknüpfung der einzelnen Sätze: Obgleich der Sohn unseres Nachbars ein aufmerksamer Schüler ist und (er) sich auch bei seinen Arbeiten viele Mühe giebt, so wird ihm das Lernen doch herzlich sauer. Hier sind die durch Sperrdruck hervorgehobenen Wörter Konjunktionen, von denen und wie auch keiner weitern Besprechung mehr bedürfen. Das an der Spitze stehende obgleich (wofür es auch ungeachtet heißen könnte) leitet ein Zugeständniß, eine Einräumung ein, wogegen das nachfolgende so in Verbindung mit doch einen Gegensatz bildet, insofern sie ausdrücken, daß eine aus dem Eingeräumten und Zugestandenen etwa zu ziehende Folgerung nicht statthat ꝛc.

3) Insofern die Konjunktionen Sätze oder die Träger der Sätze der Verba verbinden, stehen sie einigermaßen den Präpositionen gegenüber, durch welche Substantiva angeknüpft werden (s. § 27), vgl.: Trotz seiner Aufmerksamkeit und seiner Mühe beim Arbeiten wird dem Sohne unseres Nachbars das Lernen doch herzlich sauer. Hier haben wir nicht mehr drei Sätze, sondern nur einen einzigen mit dem verbum finitum wird (der Kopula) als Träger. An die Stelle der durch das aneinanderreihende und verbundenen einräumenden Sätze mit dem einleitenden Bindewort obgleich sind die Substantiva sein Fleiß und seine Mühe getreten, welche, angeknüpft durch die Partikel trotz (wofür es auch ungeachtet heißen könnte) im Genitiv stehen; also ist trotz (und ebenso ungeachtet) hier eine den Genitiv regierende Präposition, welche dem Sinn nach der satzverbindenden Partikel oder Konjunktion obgleich (oder ungeachtet) entspricht. Hieße es aber z. B.: Trotz seiner Aufmerksamkeit und ungeachtet der vielen Mühe, welche er sich beim Arbeiten giebt, wird dem Sohne unseres Nachbars das Lernen doch herzlich sauer, so hätte man außer dem verbum finitum wird auch noch ein zweites giebt. Der Satz, dessen Träger dieses Verbum ist: er giebt sich viele Mühe ist hier angeknüpft durch das Wort welche. Dies Wort bezieht sich auf das im andern Satz vorangehende Substantiv Mühe und ersetzt zugleich dies Hauptwort. Das Wort welche ist ein bezügliches Fürwort oder pronomen relativum, dessen satzverbindende oder, wie wir es nach dem Durchgenommenen jetzt auch ausdrücken können, konjunktionale oder bindewörtliche Kraft wir bereits in § 25,9 erwähnt haben.

4) Vergleichen wir nun noch die Sätze: Die Lerche und die Nachtigall singen um die Wette — und: Die Lerche singt mit der Nachtigall um die Wette. Das verbum finitum oder der Träger des letzten Satzes singt steht in der dritten Person Singularis entsprechend dem Subjekt die Lerche (sie singt); außerdem enthält der Satz noch die beiden Substantiva die Nachtigall und die Wette, angeknüpft bezüglich durch die Präpositionen mit und um, von denen jene den Dativ, diese den Accusativ regiert. Die Verbindung um die Wette verhält sich in dem ersten Satz wie in dem zweiten, aber in jenem steht das verbum finitum singen in der dritten Person

3*

Pluralis (= sie singen) entsprechend den beiden durch und verbundenen Subjekten: die Lerche und die Nachtigall. Was für ein Satzteil ist nun hier die Partikel und? Sie verbindet ein Substantiv: die Nachtigall mit dem andern: die Lerche; trotzdem ist jedoch das aneinanderreihende und keine Präposition, die einen abhängigen Kasus erfordert. Die durch und verbundenen Substantiva aber stehen beide als Subjekt gleichmäßig im Nom., was man auch äußerlich an der Form erkennen kann, wenn man für die weiblichen Substantiva männliche setzt, z. B.: Dieser Vogel und jener Vogel sangen um die Wette. In der That hat man hier eigentlich nicht einen Satz, sondern zwei mit mehreren gemeinsamen Satzteilen, durch deren Nicht-Wiederholung die beiden Sätze in einen einzigen zusammengezogen erscheinen. Aufgelöst und getrennt würden sie lauten: Die Lerche singt um die Wette (mit der Nachtigall) und die Nachtigall singt um die Wette (mit der Lerche). Hier ist offenbar die Partikel und als Verbindung der beiden Sätze oder ihrer Träger, der verba finita: singt — singt eine Konjunktion oder ein Bindewort und das bleibt sie auch in dem durch Nicht-Wiederholung der gemeinsamen Teile zusammengezogenen Satze: Die Lerche und die Nachtigall singen um die Wette (miteinander). Es bedarf nun wohl keiner weitern Auseinandersetzung, um zu zeigen, wie sich hier das die beiden Subjekte gleichmäßig aneinanderreihende Bindewort und von der den Dativ regierenden Präposition mit in dem Satze: Die Lerche singt mit der Nachtigall um die Wette unterscheidet.

Aufgabe: Wiederholt (erst mündlich, dann schriftlich) die in diesem Paragraphen durchgenommenen Sätze und gebt bei jedem Worte an, was für ein Redeteil es hier ist, bei den der Deklination fähigen zugleich Genus, Kasus und Numerus hinzufügend, wie bei den Verben Person und Numerus, — so: Der (best. Artikel m. Nom. sg.) Sohn (Subst. m. Nom. sg.) unseres (pron. possess. m. Gen. sg.) Nachbars (Subst. m. Gen. sg.) ist (verb. 3. Pers. sg.) u. s. w.

§ 29. Interjektionen.

1) Auf den Fragesatz (s. § 13): Ist der Schüler fleißig? kann die Antwort entweder bejahend lauten: Ja, er ist fleißig oder verneinend: Nein, er ist nicht fleißig, in welchem Satze die verneinende Partikel nicht zu den Adverbien gehört (s. § 21, 5). Es würden aber auch als Antwort bloß je die Partikeln Ja, Nein genügen, als den Inhalt der dahinter stehenden Sätze in sich schließend. Diese, die den Inhalt der Partikeln nur noch bekräftigend wiederholen, könnten wegbleiben. Ähnlich verhält es sich z. B. mit dem Ausruf: Au! [Das thut weh!], den jemand bei körperlichem Schmerz ausstößt. Hier sagt schon der bloße Schmerzruf: Au! dasselbe, wie der eingeklammerte Satz, der also auch wegbleiben könnte und nur als bekräftigende Wiederholung dem Schmerzruf beigefügt ist, vgl. als Zuruf des Kutschers an die Pferde: Brr! [steht still!], ferner z. B.: Brr! [mir schaudert.] oder: Brr! [mich friert.] 2c. Heda! [komm doch her! ich will dich etwas fragen.] 2c. Holla! [so geht das nicht.] 2c. Baradauz! [da fällt er hin.] 2c. Schnetterdeng! [da erschallt Trompetenklang.] 2c. Pfui! [schäme dich!] 2c. Ei! [Das ist schön.] 2c. I! [ich dachte gar.] 2c. Aha! [Das habe ich mir gleich gedacht.] u. ä. m. (s. § 17, Übungsstück 2). Die hervorgehobenen Wörter stehen außerhalb des Satzes und statt eines Satzes, oder vielmehr sie sind bloße Satzkeime im Vergleich zu den Sätzen, in denen der in jenen Wörtern eingeschlossene Inhalt gedanklich vollentwickelt ausgesprochen wird als vollständiger Ausdruck einer bestimmten und deutlich bewußten Vorstellung. Diese Wörter sind eben noch nicht der zu einem

Satz entwickelte Ausdruck eines Gedankens, sondern vielmehr zumeist nur der unmittelbare Ausruf einer Empfindung und demgemäß nennt man sie, die Bezeichnung von den hauptsächlichen Fällen entlehnend, **Empfindungswörter** oder *Laute* oder am üblichsten, womit ihre Stellung außerhalb des Satzes bezeichnet wird, **Interjektionen** (d. h. Zwischenwörter).

2) Bei den Hauptwörtern nähert sich namentlich der außerhalb des Satzgefüges stehende Vokativ (s. § 24,7) dem Wesen und Begriff der Interjektion und ähnlich bei Zeitwörtern (s. § 14) die für den Ausruf dienende Form, der sogenannte Imperativ, wie sich denn dem Vokativ und dem Imperativ häufig Interjektionen zugesellen, vgl. 1, z. B.: O Gott! — Ach Gott! — O Himmel! — O allmächtiger Gott! erbarme dich doch! — Ich bin (dem Himmel sei gedankt oder Gott sei gedankt! oder Gott sei Dank! oder Gott sei gelobt oder Gott sei Lob! oder verkürzt — s. u. — gottlob ⁊c.) ganz gesund u. s. w. — Beda! guter Freund! steh still! ⁊c. — Pfui! (oder fi!) schäme dich! u. ä. m. Daran reihen sich auch andere Ausrufe, zum Teil in hergebrachter Verkürzung (s. o.: gottlob!) oder in Scheu vor gewissen Ausdrücken verdeckt oder entstellt, z. B.: **Ein Donnerwetter** (schlage darein! s. o.) — Gotts (oder entstellt: Kotz, Potz) Donnerwetter! — Gotts Sakrament! (oder entstellt: potz Sapperment; potz Element ⁊c.) — Gott straf mich (oder entstellt: Gott Strambach ⁊c.) z. B. zu ergänzen: wenn's nicht wahr ist ⁊c. — Der Teufel (hole mich, wenn's nicht wahr ist oder hole ihn! ⁊c.) — (Geh) zum Teufel (oder verdeckend Henker, Kuckuk, Geier ⁊c., entstellt: Teixel, Teutscher ⁊c.)! — Den Teufel ⁊c. auch! — O je! (Jesus!), o jemine! o jerum! ⁊c. — J, (Gott) behüte! (oder bewahre!); ferner: J, warum nicht gar? ⁊c. — Doch! oder vollständig: Er lebe hoch! (s. o.) ⁊c., vgl.: Heil (sei ihm)! ⁊c. — leider! (eigentlich etwa = was mehr als leid oder im höchsten Grade betrübend ist), auch: leider Gottes! — Feuer! z. B. als Kommandoruf = gebt Feuer! oder als Geschrei, um Leute zur Hilfe und Rettung ⁊c. herbeizurufen = es ist Feuer (es brennt), vgl. ähnlich: Diebe! Mord! Mörder! und veraltet: Zeter!, auch: feuerio! mordio! Zeter und mordio! u. ä. m., ferner z. B.: Auf! = mach dich auf! ⁊c., auch: Wohlauf! oder frischauf! ⁊c., z. B. zum fröhlichen Jagen! ⁊c.; ähnlich: wohlan! u. ä. m.

§ 30. Wiederholender Schluß-Rückblick auf sämtliche Redeteile; Komparation.

1) In § 22 haben wir einen Rückblick auf die bis dahin durchgenommenen Redeteile geworfen. Wiederholt die dort gegebene Übersichtstafel!

2) Welche andern Redeteile haben wir im weitern Verlauf nun noch durchgenommen?

3) Für welche Redeteile dienen die persönlichen Fürwörter als Ersatzwörter?

4) Gebt weitere substantivische Pronomina an nach § 25, 7, 9 u. 9!

5) Nennt adjektivische Pronomina, d. h. solche, die als attributive Begleitwörter von Substantiven auftreten! (s. § 25, 5, 6, 7 u. 8).

6) Nennt adverbiale Pronomina nach § 25, 8!

7) Nennt konjunktionale Pronomina nach §§ 25, 9 u. 28, 3!

8) Nennt die in § 26 angegebenen Klassen der Zahlwörter! Welche sind davon zumeist attributive Begleitwörter von Substantiven oder Zahladjektiva? (s. § 26, 2, 3, 4, 5, 8). Nennt Zahladverbia nach § 26, 4.

9) Die Substantiva, ihre Ersatzwörter (die substantivischen Pronomina) und die attributiven Begleitwörter der Substantiva sind einer Abwandlung fähig. Wie heißt diese Flexion im besondern? (s. § 24,1) und wie heißt die Flexion der Verba? (s. § 23,3 ff.) Wodurch unterscheiden sich die Satzformen von den ruhenden Formen des Verbums? Mit welchem Namen nennt man von den letztern die adjektivischen und die substantivischen?

10) Die Adjektiva werden als attributive dekliniert (s. 9); außerdem sind sie aber noch einer bisher nicht besprochenen Art von Flexion unterworfen, der sogenannten Steigerung oder Komparation, wodurch verschiedene Grade oder Stufen der Eigenschaft ausgedrückt werden. An dieser Flexion nehmen auch die den prädikativen Adjektiven gleichlautenden Adverbia (s. § 21) teil. Das Nähere über die Steigerung ist dem spätern Lehrgang vorbehalten. Wir erwähnen hier nur, daß man drei Grade oder Stufen unterscheidet, den Positiv (abgekürzt: Pos.); eine höhere, den Komparativ (abgekürzt: Komp.), und die höchste, den Superlativ (abgekürzt: Superl.), die ihr aus folgender Zusammenstellung erkennen könnt und werdet:

Komparation oder Steigerung:

Positiv:	Komparativ:	Superlativ:
von prädikativen Adjektiven:		
Karl ist fleißig.	Ernst ist fleißiger.	Fritz ist am fleißigsten.
von attributiven Adjektiven:		
Karl ist ein fleißiger Schüler.	Ernst ist ein fleißigerer Schüler.	Fritz ist der fleißigste Schüler.
von Adverbien:		
Karl arbeitet fleißig.	Ernst arbeitet fleißiger.	Fritz arbeitet am fleißigsten 2c.

Übungsstück: Ein edler Held ist, der fürs Vaterland —, ein edlerer, der für des Landes Wohl —, der edelste, der für die Menschheit kämpft. — Was die Schickung schickt, ertrage! | Wer ausharret, wird gekrönt. | Reichlich weiß sie zu vergelten, | herrlich lohnt sie stillen Sinn. | Tapfer ist der Löwensieger, | tapfer ist der Weltbezwinger, | tapfrer, wer sich selbst bezwingt. — Eine schöne Menschenseele finden | ist Gewinn, ein schönerer Gewinn ist: | sie erhalten, und der schönst' und schwerste: | sie, die schon verloren war, zu retten. — Das Hemde ist mir näher als der Rock. — Mein Bruder steht mir näher als du. — Meine Eltern und meine Geschwister stehen mir am nächsten, sie sind meine nächsten Angehörigen und kein Fremder steht mir so nahe wie sie. — Es kann der Frömmste nicht in Frieden bleiben, | wenn es dem bösen Nachbar nicht gefällt. — Wie schön und lieblich ist es, wenn Brüder einträchtig bei einander wohnen. — Wer das Kleine nicht ehrt, ist das Große nicht wert. — Wer das Kleinre nicht ehrt, ist das Größre nicht wert. — Je lieber das Kind, je schärfer die Rute. — Das liebste Kind züchtigt der Vater am schärfsten. — Williges Herz macht leichte Füße. — Ein williges Herz macht auch den schwersten Gang leicht. — Ja, ich bin schwach; doch ist der Wurm nicht noch ein schwächeres Geschöpf als ich? und auch der schwächste Wurm krümmt sich, wenn er getreten wird.

Aufgabe 1: Hebt — erst mündlich, dann schriftlich (durch Unterstreichen) — alle in dem Übungsstück in einem Steigerungsgrade vorkommenden Wörter hervor und gebt bei jedem zugleich außer dem Steigerungsgrade an, ob es ein